Die schönsten *Radtouren* zwischen den Meeren

Foto: Ingo Wandmacher

NEU Edition 2.0

Die schönsten Radtouren zwischen den Meeren

Mit **HEIKE GÖTZ** quer durch Schleswig-Holstein

UNTERWEGS

IMPRESSUM

UNTERWEGS im CADMOS Verlag

Überarbeitete und erweiterte Neuauflage 2021

Covergestaltung: Gerlinde Gröll, www.cadmos.de
Grafisches Konzept: jb:design – Johanna Böhm, Dassendorf
Layout, Satz: Hantsch PrePress Services OG, Wien
Lektorat: Ing. Barbara P. Meister MA, FachLektor.at, Wien
Coverfotos: Ingo Wandmacher

Druck: www.graspo.com

Deutsche Nationalbibliothek – CIP-Einheitsaufnahme
Die Deutsche Nationalbibliothek verzeichnet diese Publikation in der Deutschen Nationalbibliografie; detaillierte bibliografische Daten sind im Internet über http://dnb.ddb.de abrufbar.

Printed in EU

ISBN: 978-3-8404-3061-9

Inhalt

Foto: Ingo Wandmacher

Radfahren macht Spaß!

Ich freue mich sehr, dass die Radtouren durch Schleswig-Holstein nun in einer Neubearbeitung erscheinen. In den vergangenen Jahren ist der Radtourismus bei uns noch viel populärer und irgendwie selbstverständlicher geworden, nicht zuletzt dank der modernen E-Bikes. Viele von uns entdecken die Heimat neu – mit dem Rad oder auch zu Fuß. Die Motive mögen unterschiedlich sein: Bewegung an der frischen Luft, „mal das Auto stehen lassen“, Unternehmungen mit der ganzen Familie. Egal, was Sie dazu treibt, mit dem Fahrrad unseren schönen Norden zu erkunden – es macht Spaß. Nach einer Tour erschöpft, aber glücklich zu sein, macht uns zufrieden. Ganz nebenbei tun wir etwas für unsere Gesundheit und stärken uns für den Alltag.

Die Radwege sind inzwischen fast überall noch besser ausgebaut und beschildert. Es gibt viel Infrastruktur für Radtouristen, seien es Verleiher von Rädern, sichere Abstellmöglichkeiten oder fahrradfreundliche Übernachtungsmöglichkeiten, das heißt, man wird dort auch für nur eine Nacht gern aufgenommen. Es gibt viele empfohlene Routen auf diversen Internetseiten, Kartenmaterial und GPS-Daten. Sie können sich eine der empfohlenen Strecken raussuchen oder auch nach Lust und Laune eine eigene Tour zusammenstellen. Auch die Länge bestimmen Sie selbst.

Ich habe für dieses neue Buch zwei weitere Vorschläge für Sie. Es sind wie üblich sehr persönliche Touren geworden und sie haben wieder den Charakter einer Tagesrundtour. Spezielle Kondition oder Ausrüstung sind nicht erforderlich. Ich habe mich nach bestem Wissen und Gewissen bemüht, die Touren und Tipps genau zu beschreiben. Falls das trotzdem an der ein oder anderen Stelle nicht gelungen ist, seien Sie nicht verzagt, sondern suchen Sie sich Ihren eigenen Weg, denn wie heißt es so schön? „Der Weg ist das Ziel.“

Jede und jeder von Ihnen macht eine eigene Landpartie. Ich wünsche Ihnen viel Freude dabei. Und warten Sie nicht auf ideales Wetter, beste Bedingungen und besonders gute Laune. Einfach losfahren – alles andere ergibt sich schon.

Ihre Heike Götz

Foto: Ingo Wandmacher

Vorbereitungen

Foto: Ingo Wandmacher

Bevor Sie zu Ihrer Tour starten, gibt es einiges vorzubereiten, was sich meiner Meinung nach bewährt hat. Eigentlich sind es Selbstverständlichkeiten, die ich trotzdem erwähnen möchte, weil sie für das gute Gelingen einer Radtour sehr wichtig sein können.

1. Bitte überprüfen Sie, ob Ihr Fahrrad funktionstüchtig ist: Sind die Reifen aufgepumpt? Funktionieren Bremsen und Licht? Ist die Sattelhöhe richtig (etwa hüfthoch)?

2. Nehmen Sie sich eine Luftpumpe, etwas Flickzeug und Werkzeug mit. Es ist ärgerlich, irgendwo auf dem platten Land mit einem Platten zu stehen. Das war´s dann nämlich für heute mit der Tour! Wir nehmen auch immer eine kleine Sani-Tasche mit (Outdoor-Ausrüstung). Im Falle eines Sturzes ist die Erste-Hilfe-Ausrüstung Gold wert.

3. Wenn Sie wie wir mit dem Auto zum jeweiligen Ausgangspunkt der Radtour fahren, brauchen Sie natürlich einen Fahrradgepäckträger. Achten Sie darauf, dass die Räder wirklich sicher befestigt sind. Vielleicht überprüfen Sie 10 bis 15 Minuten nach dem Losfahren noch einmal die Befestigung.

4. Schließlich ist die persönliche Ausrüstung für den Fahrradtag wichtig: Meiner Meinung nach ist bei der Kleidung

Beim Radfahren gilt: Der Weg ist das Ziel!

das „Zwiebelprinzip" sehr gut, also verschiedene Schichten Kleidung, die man bei Bedarf an- oder ausziehen kann. Wichtig finde ich Regenbekleidung, wenn eventuelle Schauer vorhergesagt sind. An der See hat sich wegen des oft unangenehmen Windes eine leichte Mütze (auch im Sommer) bewährt. Spezielle Radfahrerhosen sind bei unseren Genusstouren nicht notwendig.

5. Schließlich nehmen Sie sich etwas zu essen und zu trinken mit. Wasser ist das Beste auf so einer Radtour. Ich empfehle auch, etwas Leckeres für ein Picknick mitzunehmen. Man ist einfach unabhängig von Gaststätten und außerdem macht es viel mehr Spaß, in freier Natur mal wieder ein Picknick zu machen.

6. Die Tourenauswahl: Bitte passen Sie die Länge der Tour Ihrer Leistungsfähigkeit an. Jede meiner vorgeschlagenen Routen kann man selbstverständlich abwandeln, das heißt verkürzen oder auch mal verlängern. Gehen Sie einfach flexibel mit der Routenplanung um – je nach Tagesform, Wetterlage und der Stimmung der Mitradler. Planen Sie Zeit für Besichtigungen und Pausen ein.

7. Schließlich möchte ich Ihnen ans Herz legen, achtsam und bewusst Rad zu fahren. Was das bedeutet, kann mein Mann Detlef Lafrentz sehr gut erklären. Er ist Feldenkraislehrer und damit Spezialist für solche Fragen. Deshalb jetzt ein Kapitel von ihm.

Achtsames Fahrradfahren – Aufmerksamkeit außen und innen

Achtsames Fahrradfahren hat verschiedene Aspekte. Die geübten und routinierten Radfahrerinnen und Radfahrer unter Ihnen sind sicherlich vertraut mit Fragen des Abstandes zum Vorausfahrenden, mit Vorfahrtsfragen – rechts vor links –, mit Einschätzung der Geschwindigkeit und vielen weiteren Aspekten.

Beachten Sie aber auch, dass Sie in Freizeit- oder Wochenendlaune bei hoffentlich schönem Wetter und anregenden Erlebnissen leicht den Blick verlieren können für die kleinen Tücken, die sich manchmal schnell vergrößern.

Plane ich mit ein, dass mein Vorausfahrender möglicherweise plötzlich bremst oder gar fällt? Plane ich mit ein, wenn ich schnell einen Berg hinunterrolle, dass an der Einmündung von rechts ein Fahrzeug kommen kann? Plane ich mit ein, dass zusätzliche Satteltaschen oder Körbe das Lenk-, Fahr- und Bremsverhalten verändern können?

Machen Sie immer rechtzeitig Pause? Manchmal merken wir erst zu spät, dass wir uns angestrengt haben. Manchmal merken wir erst zu Hause, dass wir den Rücken, den Nacken oder die Schultern einseitig belastet haben. Das ist dann keine wirkliche Erholung.

Wie können wir Anstrengung vermeiden? Nur dadurch, dass wir immer wieder überprüfen, wie unsere Befindlichkeit ist. Wir sind es oft nicht gewohnt, auf unsere körperlichen Empfindungen zu achten, es sei denn, es gibt irgendwo starke Beschwerden oder gar Schmerz. Sie können die Aufmerksamkeit aber regelmäßig darauf richten, wie Sie sich bewegen und wie Sie sich dabei fühlen. Dieses kann sehr angenehm und entspannend sein.

Vielleicht beobachten Sie bei einer einfachen und geraden Strecke einmal für einige Zeit, wie Sie ein- und ausatmen. Ohne dabei den Atem in irgendeiner Weise beeinflussen zu wollen. Nur den natürlichen Atem beobachten. Sie werden dabei vielleicht feststellen, dass der Atem manchmal länger ist und manchmal kürzer, manchmal tiefer und manchmal flacher. Vielleicht stellen Sie auch fest, dass es zwischen den Atemzügen Pausen gibt. Und dass diese manchmal sehr kurz sind oder aber auch länger. – Dieses können Sie natürlich wunderbar zuerst zu Hause üben.

Wenn Sie Fahrrad fahren, können Sie beobachten, ob Sie mit beiden Beinen gleich deutlich oder gleich stark treten. Ob die Schultern sich vielleicht bewegen beim Treten der Pedale. Ob der Druck der beiden Hände am Lenker gleich stark ist. Ob das Gesäß seinen Kontakt zum Sattel verändert in der Bewegung.

Wenn Sie erst einmal angefangen haben, solche Fragen zu stellen, finden Sie es vielleicht interessant herauszufinden, wie Sie eigentlich Fahrrad fahren. Darüber hinaus vermeiden Sie einseitige Belastungen und Ihre Bewegungen können leichter und effizienter werden.

Viel Freude beim Ausprobieren!
Detlef Lafrentz

Von Brillenschafen, Hähnen und Kultbauern

Foto: Heike Götz

Durch die Hahnheide

Route (40 km):
- Lütjensee
- Trittau
- Kuddewörde
- Dahmker
- Hamfelde / Lauenburg
- Hamfelde / Stormarn
- Aussichtsturm in der Hahnheide
- Hohenfelde
- Linau
- Bille-Quelle
- Grönwohld
- Lütjensee

Unsere Tour beginnt in Lütjensee. Es ist ein wunderbar sonniger Frühlingstag Ende April. Die Laubbäume stehen in frischem Grün. Tulpen, Magnolien und Forsythien blühen und die Obstbäume sind weiß vor lauter Blüten. Besseres Wetter kann es für den Start in die Fahrradsaison kaum geben. Herrlich! Und dann das erste Mal mit dem neuen Rad!

Wir starten auf dem **Hof Lütjensee** in der Alten Schulstraße 13. Dieser Hof gehört dem Brillenhersteller und Ökolandwirt Günther Fielmann und ist ein Vorzeigebetrieb des Biolandbaus mit einem sehr großen und attraktiven Hofladen. In der Käsetheke liegen um die 50 Käsesorten und man hat die Qual der Wahl bei über 30 Brotsorten. Dazu Obst, Gemüse, Fleisch, Kaffee, Tee ... Ein wahrer

Die Billebrücke bei Kuddewörde

Biofeinschmeckerladen. Wer noch keinen Reiseproviant dabeihat, kann sich hier mit allem eindecken, was das Radlerherz begehrt. Und Sie müssen sich unbedingt die Tiere anschauen! Es gibt einen hübschen Spazierweg über den Hof und die Weiden. Alles ist hervorragend angelegt, die Tiere leben in lichten Ställen auf frischem Stroh und haben viel Auslauf. Man kann hier Angler Sattelschweine entdecken und Rotbunte Niederungsrinder, Vorwerkhühner, Deutsche Sperber und Fielmanns Lieblingstiere: die Kärntner Brillenschafe. Landidylle wie aus dem Bilderbuch! Ich finde es gut, dass ein Unternehmer wie Günther Fielmann in Biolandwirtschaft investiert und sich langfristig auf diesem und anderen Biohöfen engagiert.

Gut gestärkt an Leib und Seele treten meine Mitfahrer – mein Mann Detlef, unsere Freunde Elisabeth und Peter – und ich nun endlich in die Pedale. Die erste Station heißt Trittau. Wir wollen den Fahrradweg neben der Straße nehmen. Er ist neu ausgebaut und gut zu fahren. Vom Hof aus biegen wir nach rechts in die Alte Schulstraße bis zur Hamburger Straße. Der folgen wir auf dem Radweg nach rechts und fahren an der Ampelkreuzung nach links Richtung Trittau. In **Trittau** angekommen, überqueren wir den Kreisverkehr und fahren nach etwa einem Kilometer links an der Rausdorfer Straße ins Zentrum. Am nächsten Kreisverkehr halten wir uns rechts und fahren durch die Haupteinkaufsstraße (Poststraße) Richtung Grande. Unsere erste kleine Rast machen wir an der wunderschönen alten **Wassermühle** in Trittau. Die liegt quasi auf dem Weg – fast am Ortsausgang – und ist gut ausgeschildert. Kurz bevor man links zur Wassermühle abbiegt, gibt es auf der linken Seite das **Eiscafé Griem**. Dort gibt es meine Lieblingssorte, „Zimteis", lecker!

Die alte Wassermühle liegt direkt am Mühlenteich. Ein idyllisches Plätzchen! Bis in die 1960er-Jahre wurde hier noch Korn gemahlen, heute ist in der Mühle das Kulturzentrum von Trittau mit Veranstaltungen und Kunstausstellungen. Am Wochenende gibt es selbst gemachten Kuchen. Das **Kunstcafé** hat allerdings nur bei laufenden Ausstellungen samstags und sonntags von 11 bis 18 Uhr geöffnet. Eine andere Attraktion ist der mittlerweile dreimal im Jahr (vor Ostern, zu Pfingsten und im Herbst) rund um die Mühle stattfindende **Kunsthandwerkermarkt**. Von der Mühle führt uns ein kurzer Kopfsteinpflasterweg zur „Napoleonbrücke". Kaum vorstellbar, dass über dieses kleine Brückchen, über das schon Napoleons Truppen marschiert sein sollen, bis in die 1960er-Jahre noch der gesamte Verkehr von und nach Trittau lief. Mittlerweile gibt es eine Umgehungsstraße, an der uns auch der Weg weiterführt **Richtung Grande**. Der gut befahrbare Radweg verläuft neben der Straße aus Trittau hinaus. Kurz vor der Überquerung der Bundesstraße 404 liegt rechter Hand die Autobahnmeisterei und – aufgepasst! – direkt davor geht es links in den **Billeweg**. Das ist ein wunderschöner kleiner Radweg direkt durch die Wiesen und Felder. Eine **Holzbrücke** überquert die Bille, bevor wir nach **Kuddewörde** kommen. Gleich hinter der Kirche an der T-Kreuzung fahren wir nach links am **Gasthof zur Eiche** vorbei. Etwa 200 Meter vor dem Ortsausgangsschild geht es rechts in den Dahmker Weg **Richtung Dahmker**. Ein Radweg vom Feinsten: glatt, keine Autos und links und rechts nur Felder und Wiesen. Wir genießen die Fahrt und beschließen, hier einen Picknickplatz zu suchen. Ich finde, nirgends schmeckt das Brot so gut wie auf einer Decke, die man an einem leicht schattigen Wiesenplatz ausbreitet. Schuhe ausziehen, geschmierte Stullen (Schnitten, Brote … je nach Region) rausholen, dazu Obst, Salat und was auch immer zu einem leckeren Picknick gehört. Und natürlich viel Wasser trinken. Herrlich!

Unsere nächsten Etappenziele sind die beiden Hamfeldes: das eine in Lauenburg, das andere in Stormarn, obwohl nur wenige Hundert Meter voneinander entfernt, nur getrennt von der Bille und der Kreisstraße. Die beiden Dörfer sind fast 800 Jahre alt, hatten aber noch nie eine gemeinsame Geschichte. Man nimmt an, dass die Besiedlungen an den Ufern der Bille unabhängig voneinander entstanden sind. Das alte Grenzflüsschen Bille markiert bis heute die Grenze zwischen den Kreisen Herzogtum Lauenburg und Stormarn.

Der kleine ungepflasterte Feldweg nach Hamfelde/Lauenburg zweigt 20 Meter vor dem Ortseingangsschild **Dahmker**, gleich hinter dem ersten Haus (Nr. 33),

Der „Lange Otto“

Unterwegs auf schattigen Waldwegen

nach links ab. Nach ein paar Hundert Metern mündet er in einen geteerten Fahrradweg und man kommt am Hasselbergweg in **Hamfelde/Lauenburg** raus. Im Haus mit der Nr. 13 befindet sich die **„Kleinste Destille Deutschlands“**, wie sie sich selbst nennt. Seit über 200 Jahren wird hier in Handarbeit der „Hamfelder Oberförster“, ein Kräuterlikör, gebrannt, der 40 Kräuter enthalten soll. „30 für die Liebe, 10 für die Gesundheit“, erzählte mir die Inhaberin Meike Brönneke, als wir vor einigen Jahren mit der *NDR-Landpartie* bei ihr Station machten. Mehr Geheimnisse aus der urigen kleinen Schnapsfabrik wollte sie mir aber nicht verraten ... Nimmt man statt des kleinen Feldwegs von Dahmker aus die Straße nach Hamfelde/Lauenburg, kommt man an der weithin sichtbaren **Holländer-Windmühle** vorbei, in der heute ein Restaurant ist.

Um „auf die andere Seite zu wechseln“, überqueren wir die Kreisstraße (Möllner Landstraße). **Hamfelde/Stormarn** ist heute vor allem bekannt für den **Hamfelder Hof**, Biolandhof und gleichzeitig Markenname für die gleichnamige Biomilch. Wer Lust hat, macht einen kurzen Abstecher zum Hofladen (ist im Dorf ausgeschildert und leicht zu finden). Übrigens lieben die Hamfelder Biobauern Radfahrer. Sie haben sogar eine eigene Radsport-Mannschaft mit 120 Mitgliedern. Das Team „Hof Hamfelde-Lichtblick“ tritt tatsächlich in Sportkleidung in schwarz-weißem Kuhdesign bei vielen Radrennen an. Training ist immer sonntags, und vielleicht haben Sie Glück und Sie treffen unterwegs irgendwo die „Hamfelder Kühe", wie die Rennradfahrer hier in der Gegend oft genannt werden.

Wir fahren lieber ganz gemütlich weiter, denn wir wollen noch hoch hinauf: auf den **Aussichtsturm in der Hahnheide**, den 27 Meter hohen „Langen Otto". Dazu fahren wir die kleine Stichstraße vom Hamfelder Hof zurück, hinter dem Spielplatz nach links und gleich wieder rechts in die Straße Hasenberg Richtung **Hahnheider Turm**. In der Hahnheide selbst folgen wir dem Schild „Turmweg". Der sandige Untergrund zwingt streckenweise zum Absteigen und Schieben. Kurios finde ich, dass das große Waldgebiet, das im Mittelalter noch mit dem Sachsenwald verbunden war, „Heide" heißt. Der Weg führt zum größten Teil durch wunderschöne lichte Buchenwälder, die jetzt im Frühjahr ein besonders kräftiges und frisches Grün haben. Der Turm selbst, ein Holzturm, der im Jahr 2001 wieder neu aufgebaut wurde, steht auf dem 99 Meter hohen Großen Hahnheider Berg. Nach 122 Stufen haben wir die Plattform erreicht und werden mit einer tollen Aussicht belohnt. In der Ferne kann man Hamburg und Lübeck erahnen. Vor allem aber beeindruckt uns, wie viel Wald man von hier oben sieht. Die Hahnheide geht fast nahtlos in den Sachsenwald über, jenes riesige Waldgebiet östlich von Hamburg. Sympathisch ist auch, dass die Stufen des Turms von Privatpersonen oder regionalen Unternehmen gesponsert wurden. Ich lese auch gleich bekannte Namen auf den kleinen Spenderschildchen: Stufe Nr. 8 – „Hamfelder Oberförster", Stufe Nr. 69: „Enno Oetjen". Das ist der Wirt vom Gasthof Unter den Linden in Grönwohld, in dem die beliebte NDR-Serie *Neues aus Büttenwarder* gedreht wird. Auch dahin wird uns unsere heutige Radtour noch führen. Doch bleiben wir zunächst in der Hahnheide, die noch ein paar Superlative zu bieten hat: Die Aussichtsplattform des Turmes ist die höchste in ganz Schleswig-Holstein. Die Hahnheide selbst ist das größte und älteste Naturschutzgebiet Schleswig-Holsteins (1450 Hektar groß, Naturschutzgebiet seit 1938). Und am Rand der Hahnheide schließlich liegt das kleinste selbstständige Dorf des Kreises Stormarn: **Hohenfelde** (52 Einwohner auf 1,6 km^2). Und genau dorthin wollen wir jetzt.

Der Weg durch die Hahnheide Richtung Hohenfelde ist sehr gut ausge-schildert, und im Dorf selbst liegt der **Gasthof Stahmer** auf der rechten Seite. Ein uriger Gastraum mit Sofas, Standuhr und Kachelofen. Als wir mit der *Landpartie* hier waren, haben wir in der Küche leckere Bratkartoffeln zubereitet. Im vergangenen Jahr, als ich im benachbarten Koberg eine Woche lang *Heike hilft helfen* gedreht habe, waren wir am letzten Abend mit dem Team hier und haben sehr gute deutsche Küche genossen. Deshalb möchte ich auch heute mit meinem Mann und meinen Freunden bei Stahmers einkehren. Auf der Wiese vor dem Haus laden locker verteilte Tische mit hübschen rot karierten Decken zur

Umrahmt von zwei Wirten: Axel Olsson alias „Shorty“ und Enno Oetjen

Kaffeepause ein. Wir sitzen sehr gemütlich im Halbschatten und lassen uns den selbst gemachten Obstkuchen schmecken. Ungefähr 25 Kilometer haben wir schon geschafft, etwa 15 Kilometer liegen noch vor uns.

Wenn Sie noch Kraft für weitere zehn Kilometer haben und neugierig auf den *Heike hilft helfen*-Drehort Koberg sind, machen Sie ruhig den kleinen Umweg, es lohnt sich. Im Mittelpunkt unserer Dreharbeiten stand der „Markttreff“, der auch tatsächlich der Mittelpunkt des Dorfes ist, ein Tante-Emma-Laden mit Kaffee-Ecke und der freundlichen Verkäuferin „Netti“ (viele Grüße!). Der schöne Raum nebenan ist das kulturelle Zentrum Kobergs, Platz für allerlei Veranstaltungen. Die Einwohner von Koberg haben mit ihrem „Markttreff“ in ein Dorf, in dem nichts mehr los war (keine Schule, keine Kirche, kein Laden, keine Kneipe), wieder Leben gebracht. Wenn Sie Keramikfiguren mögen, klingeln Sie unbedingt im Atelier von Marianne Schäfer, Koppelkaten 5. Auf der gegenüberliegenden Seite wohnt der Tischler Karl-Heinz Loss. Er verkauft schöne Schaukelpferde.

Wir wollen heute jedoch nicht nach Koberg, sondern auf direktem Weg nach **Linau**. Vom Gasthof Stahmer fährt man einfach die Straße weiter. Der Weg ist gut ausgeschildert. Rechts neben dem Ortseingang von Linau entdecken Sie vielleicht wie wir das Storchenpaar auf seinem Nest. Unser eigentliches Ziel ist aber

Auf dem alten Bahndamm

Ein großer Stein für eine kleine Quelle

die **Bille-Quelle**. Diesen kleinen Fluss haben wir heute schon einige Male überquert, und sowohl mein Mann und ich als auch unsere Freunde wohnen in der Nähe der Bille. An ihrer Quelle waren wir allerdings noch nie. Also nichts wie hin! Insgeheim erwarten wir Großes: vielleicht einen speienden Drachenkopf aus Marmor oder ein glasklares Bächlein, das unter einem Stein hervorsprudelt. Aber auf jeden Fall etwas Einmaliges, Ursprüngliches, irgendwie Erhabenes. Und was finden wir? Eine morastige Stelle, die einer Wildschweinsuhle gleicht; daneben steht auf einem Schild „Bille-Quelle". Wir müssen lachen. Aber immerhin können wir jetzt sagen, dass wir da gewesen sind! Wenn Sie sich selbst überzeugen wollen, fahren Sie in Linau über die große Kreuzung geradeaus, dann sehen Sie links zwei Schilder: „Burg Linau" und „**Bille-Quelle**". Durch das Drehkreuz kommen Sie in die „Burg", ein Wäldchen. Nach etwa 200 Metern sehen Sie rechts unten einen Findling, auf dem „Bille-Quelle" steht. Jetzt noch 10 Meter nach rechts und Sie sind da – am Ursprung der Bille, die nach 65 Kilometern in Hamburg in die Elbe mündet. Zurück auf der Hauptstraße geht es nun in flottem Tempo immer bergab auf einem super Fahrradweg neben der Straße bis **Grönwohld**. Wer schon immer mal wissen wollte, wo eigentlich *Büttenwarder* liegt, in dem die Kultbauern Brakelmann (Jan Fedder) und Adsche (Peter Heinrich Brix) zu Hause sind, ist hier genau richtig. Das Grönwohlder **Gasthaus**

Unter den Linden ist im Film der „Dorfkrug“. Außerhalb der Dreharbeiten ist hier normaler Gaststättenbetrieb und es gibt genau wie im Film „Lütt un Lütt“. Der echte Wirt ist jener Enno Oetjen, dessen Namen wir schon auf einer Stufe des Hahnheider Turms gelesen haben. Das Gasthaus Unter den Linden liegt in der Dorfstraße 13, und Sie finden es ganz leicht, wenn Sie in Grönwohld an der Kreuzung von Linau kommend nach rechts abbiegen.

Für uns geht es an dieser Kreuzung heute jedoch geradeaus weiter zum Ausgangspunkt unserer Tour zurück. Der sehr schöne **Fahrradweg nach Lütjensee** beginnt am Dorfende rechts. Er führt auf einem alten Bahndamm bis nach Bad Oldesloe. In **Dwerkaten**, einem Ortsteil von Lütjensee, stoßen wir auf eine Landstraße. Hier verlassen wir den alten Bahndamm und folgen dem Radweg nach links neben der Landstraße bis nach Lütjensee. Kurz nach der Tankstelle geht es nun rechts in die Alte Schulstraße zum **Hof Lütjensee** zurück. Nach 40 Kilometern und 6 Stunden (inklusive mehrerer Pausen, Turmbesteigung, Suche nach der Bille-Quelle und einiger Fotostopps) sind wir zufrieden und glücklich wieder an unserem Ausgangspunkt angekommen.

Es war eine sehr schöne und abwechslungsreiche Tagestour. Sie kommen durch kleine Städte und Dörfer, besteigen den Hahnheider Turm mit toller Aussicht, sehen die Bille-Quelle und den *Büttenwarder*-Gasthof, essen leckeren Kuchen und lernen Brillenschafe kennen. Der Weg führt teilweise durch die Felder und Wiesen und auf Sandwegen durch den Wald (Hahnheide). Es sind durchgängig Radwege.

INFOS

Besichtigungs-Tipps

- Aussichtsturm in der Hahnheide
- Bille-Quelle in Linau

Einkehr-Tipp

- Gasthof Stahmer
  Haus 6
  22946 Hohenfelde

Heike-Tipps

- Hof Lütjensee
  Alte Schulstraße 13
  22952 Lütjensee
- Gasthof Unter den Linden
  Dorfstraße 23
  22956 Grönwohld

Karten-Empfehlung
ADFC-Regionalkarte
Hamburg u. Umgebung
1:75000
Schönberg
Dwerkaten
Kalkkuhle
jensee
Lütjensee
Lütjensee
Linaubusch
Bille-Quelle
Gasthof unter den Linden
Bollweg
Linau
Drahtmühle
Grönwohld
Steenern
Sandkuhle
Hohenfelde
Mönch-teich
Stenzer-teich
nsee
Karnap
Naturschutzgebiet
Hahnheide
Gasthof Stahmer
Aussichtsturm
oßensee
Trittau
Sängerberg
Hahnheider Hof
Trittauerfeld
Hamfelde/Stormarn
Trittauerheide
Billetal
Hamfelde/Lauenburg
Granderheide
Dahmker
Kuddewörde

Wikinger, Schlösser und ein altes Fischerdorf

Foto: Ingo Wandmacher

Entlang der Schlei

Route (37 km):

- Wikinger-Museum Busdorf
- Schleswig
- Winning
- Winningmay
- Füsing
- Brodersby
- Missunde
- Fähre
- Weseby
- Fleckeby
- Louisenlund
- Borgwedel
- Stexwig
- Fahrdorf
- Busdorf

„Wer arm war und seine Kinder nicht ernähren konnte, warf sie ins Meer", schrieb einst ein maurischer Kaufmann aus Cordoba über die „Barbaren" von der Schlei. Vor etwa 1000 Jahren war Haithabu an der Schlei eine bedeutende Handelsstadt im Ostseeraum und galt als Weltstadt. Hier liefen die wichtigsten Fernhandelswege zusammen. Ihre Bewohner, die Wikinger, wurden bewundert und gefürchtet und faszinieren uns bis heute. Der Überlieferung nach waren sie groß gewachsene, mutige und trinkfeste Seeleute, die sich mit ihren Ruderschiffen bis nach Amerika wagten.

Mein Mann Detlef und ich starten unsere Radtour auf dem Parkplatz des **Wikinger-Museums Haithabu in Busdorf**. Wer vor oder nach der Tour Lust und Zeit hat, sollte sich das 26 Hektar große Gelände und den riesigen Schutzwall, das Danewerk, unbedingt ansehen. Anhand von vielen Originalfunden wurden in Haithabu bei Busdorf, am südlichen Ufer der Schlei, in den letzten Jahren sieben Wikinger-Häuser nachgebaut. In den Häusern kann man Wikinger-Handwerkern wie einem Perlenmacher, einem Bogenschnitzer oder dem Bäcker zusehen und teilweise sogar selbst mitarbeiten: Geschichte zum Anfassen an einem historischen und lebendigen Ort.

Heute geht's los Richtung Schleswig, auf einem Fahrradweg neben der Straße direkt an der Schlei entlang. Schon nach kurzer Zeit taucht links das weiße **Schloss Gottorf** auf. Auch hier lohnt ein Abstecher, der Barockgarten und der berühmte „Gottorfer Globus" aus dem 17. Jahrhundert sind wirklich sehr sehenswert. Der Globus ist deshalb so besonders, weil man in ihn hineingehen kann. Die Kugel hat einen Durchmesser von drei Metern. Zwölf Personen können darin sitzen und den gemalten, figürlich ausgeschmückten Sternenhimmel bewundern. Wir beschließen, ein anderes Mal wiederzukommen, um den Globus und das Schloss in aller Ruhe anzuschauen, denn dafür sollte man sich gut einen halben Tag Zeit nehmen.

Heute zieht's uns weiter. Es geht immer am Wasser entlang durch **Schleswig**. Wer mag, kann am Yachthafen bei frischen Waffeln und Kaffee beim Bootstreff Wolf oder im Café im Speicher direkt daneben eine erste Pause machen. Wenn Sie am Yachthafen vorbei sind, sehen Sie links den Schleswiger Dom und biegen dann scharf rechts in die wunderhübsche kleine Fischersiedlung Holm. Zwischen den kleinen malerischen Häuschen fühlt man sich wie in eine andere Zeit versetzt. Die historischen Häuser umschließen kreisförmig einen Friedhof, der wie ein Marktplatz den Mittelpunkt des Dorfes bildet. Der Holm ist berühmt für seine Totengilde, die „Holmer Beliebung". Diese wurde 1650 nach dem Dreißigjährigen Krieg gegründet, um sich in schweren Zeiten gegenseitig zu helfen. Die Mitglieder der Gilde konnten auf dem eigenen Friedhof kostenfrei begraben werden – nicht unerheblich in Zeiten von Krieg und Pest. Noch heute wird der Friedhof von der „Holmer Beliebung" genutzt und es werden dort ausschließlich Mitglieder beigesetzt. Jedes Jahr am zweiten Sonntag nach Pfingsten findet auf dem Holm die Beliebungsfeier statt. Die Beliebungsbrüder ziehen dann festlich bekleidet mit Zylinder durch den Holm.

Wir fahren am Sankt-Johannis-Kloster vorbei, dann links und gleich wieder rechts Richtung **Klensby** und Brodersby. Rechts sehen Sie noch Reste von Kasernen. Hier „Auf der Freiheit", wie das Gelände heißt, soll in den nächsten Jahren ein ganz neuer Stadtteil entstehen. Der Weg führt entlang der früheren Bahntrasse Schleswig-Süderbrarup und ist

Starke Wikinger

Schloss Gottorf

heute ein gut zu befahrener fester Sandweg durch den Wald mit gelegentlichen schönen Ausblicken auf die Schlei. Fast 100 Jahre, von 1880 bis 1972, fuhren hier Züge. Herrlich ist das Bahnhäuschen **Winning**. Wir machen eine kurze Foto- und Trinkpause. Neben den Fahrrad-Hinweisschildern fällt uns das Zeichen der Jakobspilger auf, die gelbe Muschel auf blauem Grund.

Da mein Mann und ich selbst schon auf dem Jakobsweg nach Santiago de Compostela gepilgert sind, interessieren wir uns natürlich sofort dafür. Führt hier ein Jakobsweg entlang? Leider treffen wir an diesem Tag keinen Pilger, sodass ich zu Hause gleich recherchiere. Tatsächlich – die Via Jutlandica, der „jütländische Weg", ist der nördlichste aller Wege unter den deutschen Jakobswegen. Von Norden kommend führt ein Weg bis nach Schleswig. Ab Schleswig gibt es zwei Alternativen: entweder über Kiel nach Lübeck, einem im Mittelalter wichtigen Sammelpunkt für die Pilger, oder über Rendsburg nach Glückstadt und von dort über die Elbe weiter nach Stade. Im Vorwort eines Pilgerführers finde ich den Hinweis, dass sich im Mittelalter Jakobspilger im Verlauf ihrer Reise zu Gruppen zusammenschlossen, sodass sich die Pilgerströme immer weiter verdichteten. In Nordspanien und Frankreich kann man deshalb von einem „Jakobsweg" sprechen. In Deutschland ist die Bezeichnung „Wege der Jakobspilger" angemessener, schließlich waren und sind die Pilger hier noch einzeln und auf ganz verschiedenen Routen unterwegs. Ein Netz dieser Wege durchzieht ganz Europa. Ein Gedanke der heutigen Pilger lautet: „Der Pilgerweg beginnt vor der eigenen Haustür." Spätestens seit dem erfolgreichen Buch von Hape Kerkeling ist das Pilgern bei uns ja wieder „in", und jedes Jahr machen sich unzählige Menschen aus den unterschiedlichsten Motiven auf den Weg. Mein Mann und ich haben unsere Pilgerreise nach Santiago de Compostela als eine ganz besondere Reise erlebt, voller Erlebnisse und Erfahrungen, mit Freude, Schmerz und Erschöpfung gleichermaßen. Jeder Schritt will gegangen sein und jeder geht seinen ganz eigenen Weg. (PS: Von Schleswig bis Santiago sind es über 2500 Kilometer.)

Unter Linden zum Gut Winning

Zurück zu unserer heutigen Fahrradtour, die wir übrigens bei verhangenem Himmel und drohendem Regen starteten und bei schönstem Abendsonnenschein beenden. Bei so einer Tagestour per Rad gilt das Gleiche wie beim Pilgern, kommt mir in den Sinn: Man muss sich einfach aufmachen und alles so nehmen, wie es kommt. Am besagten Bahnhäuschen Winning verlassen wir also die alte Bahntrasse und biegen nach rechts Richtung Brodersby in den Blankenburger Weg. Wenn Sie die Hauptstraße erreichen, biegen Sie links ein. Der Fahrradweg verläuft neben der Straße. Nach ungefähr 500 Metern biegen wir schon wieder von der Straße ab und fahren nach rechts Richtung Winning. Diesen kleinen Schlenker sollten Sie unbedingt machen, denn der Weg führt durch eine wunderschöne Lindenallee. Wie durch einen grünen Tunnel fährt man direkt zum **Gut Winning**. Der Hof ist heute kein landwirtschaftlicher Betrieb mehr, sondern wird als Wohnhaus privat genutzt.

In den Ställen sind die Pferde des Reit- und Fahrvereins Winning und von Freizeitreitern untergebracht. Links vom Gut geht es über eine kleine Holzbrücke und dann direkt an der Schlei entlang. Nach wenigen Hundert Metern kommt ein einladender Rastplatz mit Holzbänken und einer Badestelle. Über **Winningmay** geht es nach **Füsing** und dort wieder auf dem Fahrradweg neben der Straße bis **Brodersby**. An der Kreuzung, an der es rechts nach Missunde zur Fähre geht, gibt es ei-

Foto: Ingo Wandmacher

Auf der Missunder Fähre

nen Bäcker und auf der anderen Seite einen „Markttreff", wo man sich bei Bedarf noch Reiseproviant kaufen kann. Wir entscheiden uns für Kuchen, den wir auf einem Bootssteg an der **Missunder Fähre** genüsslich verspeisen. Wer lieber einkehren will: An beiden Ufern der Schlei gibt es Fährhäuser mit Restaurants. Da die Missunder Fähre an der schmalsten Stelle der Schlei ist, dauert die Fährfahrt nur ein paar Augenblicke und kostet pro Person einen Euro.

Am südlichen Ufer der Schlei angekommen, fahren wir auf der Straße ungefähr 500 Meter geradeaus Richtung Rieseby. Dann geht es nach rechts Richtung **Weseby**. Dort fragen wir am Imbiss „Naschikönig" nach dem Weg Richtung Fleckeby. Die freundliche Besitzerin weist nach links in den Tannenweg und rät uns: „Immer das Wasser im rechten Auge behalten, dann kann nichts schiefgehen!" Am Zeltlager fahren wir links vorbei. Es muss toll sein, hier als Jugendlicher zu zelten, denke ich etwas wehmütig und erinnere mich an frühere Zeltlagerferien ...

Ein sehr hübscher Sandweg führt wieder direkt am Schleiufer entlang. Für schmale Reifen, wie mein Mann sie fährt, ist der Weg allerdings etwas beschwerlicher. Wir bleiben immer am Wasser, auch als der eigentliche Radweg über einen Parkplatz Richtung Straße führt. Der Uferweg ist einfach schöner, wenn auch nicht asphaltiert. Wir fahren durch ein Wäldchen, links kommt ein Klärwerk und kurz darauf führt rechts ein schmaler Weg nach **Fleckeby**. Dort trifft man auf eine T-Kreuzung und fährt rechts auf einer Betonstraße direkt zur privaten Internatsschule **Louisenlund**.

Rund 200 Schülerinnen und Schüler der 9. bis 13. Klasse machen hier ihr Abitur. Die Familie des Herzogs zu Schleswig-Holstein-Sonderburg-Glücksburg hat die barocke Anlage mit dem Herrenhaus nach dem Krieg einer Stiftung übertragen. Die Schüler kommen aus ganz Deutschland und lernen und wohnen in dieser Eliteschule unter besten Bedingungen. Doch keine Scheu, man kann mit dem Rad ganz offiziell durch die weitläufige Anlage fahren und folgt den Wegweisern nach **Borgwedel**. Die Jugendherberge dort sieht deutlich bescheidener aus als die Internatsschule Louisenlund, liegt aber ebenfalls in bester Lage direkt an der Schlei.

In Borgwedel ist der Radweg direkt am Ufer zu Ende und es geht durchs Dorf ziemlich bergan – wer sichert sich das Bergtrikot? Der Fahrradweg neben der Straße führt uns nun über **Stexwig** und **Fahrdorf** zurück an unseren Ausgangspunkt, den Parkplatz des **Haithabu-Museums in Busdorf**.

Die 37 Kilometer dieser wunderschönen Rundtour führten oft direkt am Ufer der Schlei entlang, wir sind durch Alleen und kleine Wäldchen gefahren, sind an vielen Orten in die Geschichte eingetaucht, haben Güter und Schlösser gesehen, ein herrliches Picknick gemacht und sind mit der Fähre gefahren. Der Weg ist gut ausgeschildert, allerdings oft nicht asphaltiert, was bei Regen oder mit schmalen Reifen problematisch sein kann. Ich habe wieder einmal gemerkt, dass Schleswig-Holstein ganz schön hügelig sein kann und sehr abwechslungsreich.

INFOS

Besichtigungs-Tipps

★ Wikinger-Museum Haithabu
Am Haddebyer Noor 3
24866 Busdorf
www.haithabu.de

★ Schloss Gottorf
Schlossinsel 1
24837 Schleswig

Einkehr-Tipps

An beiden Ufern der Missunder Fähre:

★ Missunder Fährhaus
Missunder Fährstraße 33
24864 Brodersby
www.faehrhaus-missunde.de

★ Café und Restaurant Missunde
An der Fähre 1
24354 Kosel

Heike-Tipps

★ Schleswiger Fischersiedlung Holm
★ Bahnhäuschen Winning
★ Allee zum Gut Winning

Schaalby
Goltoft
Wassermühle
Schaalby
Ruhetal
Geelbek
Klensby
Bahn-
häuschen
Allee
Winning
Füsing
Sparrhöh
Brodersby
Winning-
may
Turmhügelburg
Brodersby
Fährhaus
St
Jürgen
Schlei
Missunde
Café und Restaurant
Missunde
Schleswig
Schloß Gottorf
Holm
Friedrichsberg
Stexwig
Kosel
Fahrdorf
Borgwedel
Weseby
Wikinger-Museum
Busdorf
Borgwedel-
feld
Louisenlund
Marienholz
Schoolbek
Dannewerk
Fleckeby
Karten-Empfehlung
ADFC-Regionalkarte
Schleswig/Flensburg
1:75000

Zum Westerhever Sand, dem schönsten Leuchtturm Deutschlands

Foto: Heike Götz

Unterwegs auf Eiderstedt

Route (44 km):

- Sankt Peter-Ording
- Norderdeich
- Leuchtturm Westerhever Sand
- Deich
- Osterhever
- Heverkoog
- Großmedehop
- Tating
- Tholendorf
- Brösumsiel
- Norderdeich
- Sankt Peter-Ording

Es ist wirklich verrückt, aber an der Nordsee kommt der Wind immer von vorn. Immer! Jedenfalls gefühlt. Meine Freundin Nina und ich strampeln an diesem Tag gegen den Wind an, was das Zeug hält. Aber es macht Spaß und ist einfach herrlich hier an der rauen Nordseeküste.

Unser Ziel ist heute der Westerhever Leuchtturm, der schönste aller Leuchttürme bei uns im Norden. Die NDR-Zuschauer haben ihn eindeutig auf Platz 1 gewählt – und ich finde, sie haben recht! In seinem klassisch rot-weißen Ringeldesign steht er da, harmonisch umrahmt von den beiden Leuchtturmwärterhäuschen. Ganz frei, durch kein Haus, kein hohes Hotel oder Sonstiges verbaut, trotzt er dort draußen im Wattenmeer seit über 100 Jahren Wind und Wetter und zeigt den Seefahrern den Weg. Genau genommen ist das heutzutage, wo alle Schiffe mit modernen Navigationssystemen ausgestattet sind, gar nicht mehr nötig. Aber eine Küste ohne Leuchttürme? Undenkbar! Das wäre wie Köln ohne Dom, Hamburg ohne Hafen oder Kuchen ohne Sahne. Wir Norddeutsche lieben unsere Leuchttürme – und ganz besonders den schönen in Westerhever!

Wir starten in **Sankt Peter-Ording**. Auf dem Parkplatz „Hungerhamm" in der Nähe des Campingplatzes Biehl direkt hinter dem Deich können wir für 3,50 Euro pro Tag bequem unser Auto lassen. Es sieht zwar nach Regen aus, aber davon lassen wir uns nicht abschrecken. Hier an der Küste weht ja immer ein ordentlicher Wind, und deshalb ändert sich auch das Wetter schnell. Vorsichtshalber ziehen wir unsere Regensachen an und ich zeige Nina stolz meinen Südwester, den ich von der DGZRS (Deutsche Gesellschaft zur Rettung Schiffbrüchiger) in Ostfriesland geschenkt bekommen habe. Vielleicht brauche ich den heute noch. Und tatsächlich: Schon nach wenigen Minuten erwischt uns ein ordentlicher Schauer. Aber wir sind ja nicht aus Zucker und wir sind auch nicht die Einzigen, die sich bei diesem Wetter auf den Radweg hinter dem Deich gewagt haben. Wir strampeln auf dem **Norderdeich** Richtung **Westerhever**. Immer am Deich entlang, zunächst hinter dem Deich, dann davor. Das empfehle ich Ihnen unbedingt: Fahren Sie, so weit es möglich ist, auf der Seeseite des Deiches. Das ist einfach zu schön, wenn auch nicht so geschützt! Und schon bald sehen wir ihn von Weitem, „unseren" Leuchtturm. Obwohl es noch zwölf Kilometer sind und der Wind uns, gepaart mit wiederkehrenden Schauern, ganz schön ins Gesicht bläst, genießen wir die Fahrt. Diese Frische hier oben, der Deich mit seinen Schafen, die Luft und die Weite – es tut richtig gut.

Gleichzeitig mit uns kommt eine Schulklasse aus dem Ruhrgebiet am **Leuchtturm Westerhever Sand** an. Die Kinder haben eine Führung mit Turmbesteigung gebucht. Spontan kann man ihn leider nicht besichtigen, sondern muss sich für eine Führung vorher anmelden. Für mich ist dieser Wunsch bei den Dreharbeiten zu einer *Landpartie* schon einmal in Erfüllung gegangen. Damals führte uns einer der ehemaligen Leuchtturmwärter durch den berühmten Leuchtturm, ein ganz besonderes Erlebnis. Wir hatten das Glück, einen traumhaften Sonnenuntergang wie aus dem Bilderbuch zu erleben und dazu auch noch den äußerst sympthischen Heinrich Geertsen, der authentisch von seiner Zeit als Leuchtturmwärter erzählen konnte! Mit seiner Familie hat er früher eines der beiden Häuschen bewohnt und abwechselnd mit einem Kollegen, der im anderen Häuschen wohnte, dafür gesorgt, dass das Feuer im Turm niemals ausging. Natürlich war es auch damals schon elektrisches Licht und kein Feuer, aber wir alle haben uns vorgestellt, wie romantisch so ein Leben gewesen sein

Weite und Watt

Westerhever Sand

muss. Ganz so idyllisch wie in unserer verklärten Vorstellung war es sicher nicht, trotzdem sagte auch der ehemalige Leuchtturmwärter Geertsen, es sei eine der schönsten Zeiten seines Lebens gewesen. Mit Frau und zwei Kindern hier draußen, zwei Schweinen und Hühnern im Stall für die Selbstversorgung, bei Sturmflut abgeschnitten von der Welt. Da musste man sich schon mit der Familie und auch mit dem Kollegen verstehen! 1979 verließ der letzte Leuchtturmwärter seinen stürmischen Arbeitsplatz draußen im Wattenmeer. Seitdem wird das Blinkfeuer, das von See etwa 50 Kilometer weit zu sehen ist, automatisch gesendet. Schade irgendwie. Aber schön, dass es erstens den Leuchtturm noch gibt und zweitens die beiden Häuschen als Naturschutzstation und Seminarhaus genutzt werden. Und im Leuchtturm kann man sogar heiraten – wie romantisch!

Wir radeln weiter. Zunächst zurück zum **Deich** und dann in einer großen Deichkurve nach Nordosten. Was ist das?? Rückenwind! Herrlich, toll, sensationell! Wir brausen los, und zu allem Überfluss kommt jetzt auch noch die Sonne hinter den Wolken hervor. Jacken und Hosen trocknen während der Fahrt. Jetzt kann uns nichts mehr bremsen – nur die Schafgatter, die wir alle paar Hundert Meter öffnen und hinter uns wieder schließen müssen. Die Deichschafe können sich innerhalb ihrer weiträumig abgezäunten Reviere frei auf dem Deich bewegen. Die Türen sollen nur verhindern, dass

Fotos: Ingo Wandmacher

Eiderstedter Haubarg

die Schafe ihren Bereich verlassen. Ich finde es toll, dass wir Touristen überhaupt vor dem Deich fahren oder laufen dürfen. Deshalb sollte jeder bitte darauf achten, die Gattertüren wieder ordentlich zu verschließen, um den Bauern unnötige Arbeit zu ersparen. Die vielen Schafe auf den Nordseedeichen verbringen den ganzen Sommer draußen auf den Salzwiesen und fressen das aromatische Gras. Das Fleisch der Salzwiesenlämmer (Schafe, die knapp ein Jahr alt sind) gilt als besondere Delikatesse. Fest, geschmackvoll, fast wildartig. Nebenbei treten die Schafe ständig die Grasnarbe fest und sind deshalb ganz wichtig für den Erhalt des Deiches und damit für den Küstenschutz. Die Wolle der Schafe spielt heute wirtschaftlich gesehen kaum noch eine Rolle. Der Bauer kann froh sein, wenn er vom Erlös der Wolle den Scherer bezahlen kann. Einige Bauern halten die Schafe, um aus ihrer Milch leckeren Schafskäse zu machen. So zum Beispiel die junge, engagierte Familie Volquardsen in Tetenbüll. Ihr friesischer Schafskäse ist eine Delikatesse. Für die heutige Radtour liegt Tetenbüll leider etwas zu weit weg, deshalb mein Tipp: Wenn Sie mit dem Auto auf dem Rückweg sind, fahren Sie doch mal auf dem Hof vorbei. Es lohnt sich. Familie Vollquardsen bietet übrigens auch Führungen auf ihrem Hof und in der Käserei an.

Unsere heutige Rast machen wir spontan im **Melkhus auf Hof Lammerswarft**. Ein Holzschild weist uns den Weg zu

Strand soweit das Auge reicht: Sankt Peter-Ording

dem sympathischen Hof gleich hinter dem Deich. Die sogenannten „Melkhüser" sind ein überaus erfolgreiches Projekt der niedersächsischen Landfrauen, das inzwischen in ganz Norddeutschland Verbreitung gefunden hat. Höfe mit Milchviehwirtschaft verkaufen in einem „Melkhäuschen" (das kann ein Bungalow, ein Teil der Scheune oder des Stalls sein) ihre eigenen Produkte, also Joghurt, Milchshakes, Buttermilch oder auch Milchreis. Manche bieten auch Kaffee, Kuchen oder eine warme Suppe an. Eben genau das Richtige für Radfahrer. Das Ganze ist kein Restaurant oder Café, sondern ein Selbstbedienungstresen mit ein paar rustikalen Sitzgelegenheiten. So kann die Bäuerin das Melkhus neben ihrer eigentlichen Arbeit betreiben, ohne ständig präsent sein zu müssen. Die Besucher nehmen sich selbst ihre Waren aus dem Tresen und legen das Geld in ein Körbchen. Bei meinen vielen Gesprächen mit Betreiberinnen von Melkhäusern habe ich immer wieder gehört, dass diese Kasse des Vertrauens funktioniert, da die allermeisten Gäste ehrlich und einfach froh sind über das leckere Angebot frischer Produkte direkt vom Hof. Auch wir genießen den selbst gemachten Milchreis sehr und sitzen gemütlich auf Holzschemeln in der Sonne.

Nach unserer Rast fahren wir weiter außen am Deich entlang, bis der asphaltierte Deichweg endet, dann fahren wir auf der Landseite des Deiches noch circa 50 Meter, und dort führt eine kleine Straße durchs grüne Land auf ein Haus zu. Wir treffen auf eine Landstraße und fahren auf dieser nach links. An der folgenden T-Kreuzung halten wir uns rechts Richtung **Osterhever**. Die Landschaft ist nun eine andere: Statt am Deich mit Blick auf Watt und Nordsee geht es nun durch das saftig grüne und flache Marschland. Auch das ist schön und sehr norddeutsch, wenn auch nicht mehr ganz so dramatisch wie vorn an der „Waterkant". Eiderstedt besteht wie Nordstrand aus mehreren Kögen. Ein Koog ist eingedeichtes, also dem Meer abgerungenes Land. In den frühen Besiedlungszeiten, als es noch keine Deiche gab, wurden die Häuser wie auf den Halligen auf Warften gebaut. Die großen, für Eiderstedt typischen Bauernhäuser heißen Haubarge, was ins Hochdeutsche übersetzt „Heuberge" bedeutet. Mensch und Vieh lebten hier unter einem Dach. Auch heute noch entdeckt man auf Eiderstedt, besonders in Osterhever, einige dieser schönen und mächtigen alten Haubarge. Man fährt auf der wenig befahrenen Straße. Wir biegen am Café „Naturköstliches“ rechts ab Richtung Westerhever und folgen nun immer den Radweghinweisen. Der Weg führt uns über den **Heverkoog**weg auf den **Sankt-Johanniskoog-Ring**, wo wir uns rechts halten. Wir folgen dem Radwegschild Richtung Medehop, biegen aber kurz vor **Großmedehop** rechts ab und kehren schließlich über **Tating**, **Tholendorf**, **Knappenberg** und **Brösumsiel** zum **Norderdeich** zurück. Dort geht es nun linksherum zu unserem Ausgangspunkt. Nach 44 Kilometern sind wir froh und stolz, als wir den Parkplatz erreichen.

Was für eine Tour! Der Leuchtturm Westerhever Sand, wie er offiziell heißt, ist ein absolutes Highlight. Und die Nordseelandschaft mit Ebbe und Flut, ihren Deichen, Schafen, Salzwiesen und dem weiten flachen Land sowieso. Der Nationalpark Wattenmeer, der sich vor der Küste erstreckt, ist auf der Welt einmalig und vom Menschen noch weitgehend unbeeinflusst. Damit das so bleibt, erklärten die Vereinten Nationen das Wattenmeer zwischen den Niederlanden, Deutschland und Dänemark im Jahr 2009 zum Weltnaturerbe der Menschheit. In der Nationalparkstation im Leuchtturm Westerhever Sand sowie im Multimar Wattforum in Tönning (unbedingt einen Besuch wert) oder auch bei der Schutzstation in der Dünentherme in Sankt Peter-Ording kann man sich unterhaltsam über den Nationalpark informieren und auch zu Wattwanderungen anmelden. Wer jetzt noch Zeit und Energie hat, lässt den Tag in Sankt Peter-Ording ausklingen, denn auch der breite Strand mit den berühmten Pfahlbauten ist ein einmaliges Erlebnis. Wir fahren für heute nach Hause, sind uns aber einig, dass es ein wunderschöner Tag war und wir sicher bald wiederkommen werden.

INFOS

Besichtigungs-Tipp

★ Leuchtturm Westerhever Sand
www.westerhever-nordsee.de

Einkehr-Tipp

★ Melkhus auf Hof Lammerswarft
Heerstraße 27
25881 Westerhever
www.lammerswarft.de

Heike-Tipp

★ Schafskäserei Volquardsen
Kirchdeich 8
25882 Tetenbüll
www.friesische-schafskaeserei.de

Karten-Empfehlung
ADFC-Regionalkarte
Schleswig-Holsteinische
Nordseeküste
1:75000
Schanze
Schafhaus
Kamphörn
Stufhusen
Utholm
Melkhus
Osterhof
Westerhever
Westerhever
Sand
Heverkoog
Lehmrick
Grünhörn
Tümlauer
Bucht
Schweinsgaard
Schleswig-Holsteinisches
Wattenmeer
Holmhof
Büttel
Großmedehop
Schafkäserei
Volquardsen
Kleinmedehop
Hütten
Norderdeich
Otteresing
Tholendorf
Lekert
Knappenberg
Ostereck
Tating
Esing
Utholm
St. Peter Ording

Strandleben, ein Kloster und Erdbeeren satt

Rund um Grömitz

Route (42 km):
- Grömitz
- Lensterstrand
- Kellenhusen
- Dahmeshöved
- Dahme
- Grube
- Guttau
- Grönwohldshorst
- Cismar
- Lenste
- Stadtfurth
- Sandberg
- Grömitz

Es ist ein herrlich sonniger Tag im Juni. Heute geht es an die Ostsee, zur Lübecker Bucht. Unser Ziel ist Grömitz. Wir parken direkt im Ort gebührenfrei auf dem Großparkplatz Strand. Die Räder vom Autodach geholt, Gesicht und Arme gut mit Sonnencreme eingeschmiert, die Wasservorräte überprüft, und schon sind wir auf dem Fahrradweg am Deich Richtung Kellenhusen.

Der Weg führt zunächst mitten durch **Grömitz**. Hier tobt das Strand- und Urlauberleben. Es ist schon ein komisches Gefühl, wenn man als Tagestourist – und dann noch als Radfahrer und nicht als Strandurlauber – plötzlich mitten in diesem Trubel steckt. Die Urlauber pilgern mit knapper Bekleidung, Decken und Schwimmreifen unterm Arm Richtung Strand und freuen sich auf einen Sonnentag – einen der wenigen in diesem Sommer! Wir holen uns ein Eis, beobachten das bunte Treiben eine Weile und radeln dann gemütlich aus Grömitz hinaus. Schnell wird es viel ruhiger. Der Weg ist wunderschön. Immer sehen wir auf unserer rechten Seite die Ostsee. Irgendwo zwischen **Lensterstrand** und Kellenhusen machen wir eine kleine Pause am Naturstrand und gehen mit den Füßen ins Wasser. Mein Mann erzählt mir, dass er schon als Kind mit seinen Eltern oft an diesem Strand war. Diese Stelle ist bis heute ein Geheimtipp für ihn, weil sich nur wenige hierherverirren.

Wir erreichen **Kellenhusen** – auch ein schöner Ostseebadeort, aber wesentlich kleiner und weniger betriebsam als Grömitz. Wir halten uns Richtung Dahme und Dahmeshöved. Nun beginnt ein wunderbarer Fahrradweg direkt am Wasser. Diese Strecke von Kellenhusen bis Dahmeshöved ist ein Traum. Man fährt immer mit Sicht auf die Ostsee – eine herrliche Kulisse, vor allem an so einem Sommertag wie heute! Schon von Weitem sehen wir den **Leuchtturm von Dahmeshöved**. Er steht auf einem Kliff, einer Anhöhe am Ufer. Daher der Name „...höved", was so viel bedeutet wie „Erhöhung". Auf halbem Weg zwischen Fehmarn und Travemünde gelegen, zeigt der 28 Meter hohe Turm seit 1878 den Schiffen den Weg. Der Leuchtturm ist seit 1978 automatisiert und ferngesteuert, aber voll funktionstüchtig. Er steht unter Denkmalschutz und kann mit einer Führung besichtigt werden. Für die Menschen in der DDR hatte er eine besondere Bedeutung, denn sein Leuchtfeuer war über die Lübecker Bucht weithin zu sehen. Für Flüchtlinge über die Ostsee war er „das Licht der Freiheit", erfahren wir auf einer interessanten Informationstafel. Demnach gelang rund 900 Menschen zwischen 1961 und 1989 die Flucht über die Ostsee nach Westdeutschland, etwa 4500 Menschen haben es versucht. Boltenhagen war zu DDR-Zeiten der letzte Strand, der öffentlich betreten werden durfte. Alle anderen Strände in westlicher Richtung bis Lübeck waren für die Menschen in der DDR Sperrgebiet. Zwischen Boltenhagen und Dahme liegen etwa 30 Kilometer Ostsee! Bei Nacht und Nebel flohen die Menschen mit Booten, Surfbrettern oder sogar schwimmend. Ein sehr gefährliches Unternehmen. Einige wagten vom noch weiter entfernten Kühlungsborn oder von Warnemünde aus die Flucht, weil dort die Strandabschnitte weniger streng bewacht wurden. Der Leuchtturm Dahmeshöved war für die Flüchtlinge über die Ostsee eine wichtige Orientierungshilfe. Wenn sie es bis in den Westen geschafft hatten, wurde es bewusst nicht publik gemacht, um andere Fluchtversuche nicht zu gefährden, lese ich auf der Tafel. Als Kind und Jugendliche in der DDR wusste ich davon nichts. Ich liebe die Ostsee, sie ist für mich vor allem ein Stück Heimat. Unbeschwerte, lange Sommertage am Strand gehören zu meinen schönsten Kindheitserinnerungen. Heute, über 20 Jahre nach dem Fall der Mauer, kann man sich oft kaum noch vorstellen, was einige Menschen in der

DDR auf sich genommen haben, um aus dem Land zu kommen. Da ich in Mecklenburg-Vorpommern aufgewachsen bin, interessiert und berührt mich dieser Teil unserer deutschen Geschichte immer wieder sehr.

Unser Fahrradweg führt um den Leuchtturm herum, direkt an der sehr schön gelegenen Jugendherberge Dahme vorbei. Die Jugendherberge hat, wie einige Privatgrundstücke hier, direkten Strandzugang über eine Treppe am Steilufer. Kurz vor Dahme ist der Strand dann wieder für jedermann frei zugänglich. Er ist schmal hier, einsam und schön. Wir beschließen, direkt am Strand unser heutiges Picknick zu machen. Gut gestärkt und ausgeruht fahren wir weiter bis **Dahme**, einem hübschen beschaulichen Ostseeort. Am liebsten würden wir immer weiter direkt an der Küste radeln, aber unsere Tour soll uns ja wieder zum Ausgangspunkt zurückführen. Also verlassen wir jetzt den Ostseeküsten-Radweg und nehmen den Radweg neben der Landstraße Richtung Grube. Diese Straße findet man mit dem Rad gut, wenn man in Dahme zunächst einfach immer am Wasser bleibt, als „Gegenverkehr" (für Räder erlaubt) eine kleine Einbahnstraße durchfährt und an der Touristeninformation vorbeiradelt. Dann sieht man das Schild Richtung Grube. In **Grube** halten wir uns links Richtung Grönwohldshorst. Erst führt der Radweg neben der Straße entlang, dann geht es auf eine kleine Straße nach rechts Richtung Gruberfeld. Folgen Sie den Schildern des Pilgerwegs, einer gelben Jakobsmuschel auf blauem

Der Leuchtturm von Dahmeshöved

Grund. Es ist eine schöne kleine Straße durch die Felder bis **Guttau**. Auf dem Dorfplatz in Guttau fahren wir nach links in die Dorfstraße Richtung Grönwohldshorst. Der Pilgerweg geht auf dem Guttauer Dorfplatz weiter geradeaus, logischerweise direkt zum Kloster Cismar.

Wir wollen heute jedoch einen Abstecher zum **Demeterhof Klostersee** machen, da ich meinem Mann diesen besonderen Hof zeigen möchte, den ich von einer *Landpartie* kenne. Dort lebt und arbeitet eine Hofgemeinschaft, die eine eigene Käserei und eine Bäckerei betreibt. In dem modernen und großen Biohofladen macht es Freude einzukaufen. Es gibt hier auch Ferienwohnungen zu mieten und noch etwas ganz Besonderes: ein

Einsamer Ostseestrand

Ruhe im Klosterhof

Seniorenwohnprojekt. Das bedeutet, dass ältere Menschen sich hier eine eigene Wohnung mieten und – wenn sie wollen – am Leben der Hofgemeinschaft teilhaben können. Sie haben die Möglichkeit mitzuarbeiten, es ist aber keine Pflicht. Ich finde dieses Projekt sehr innovativ und zukunftsweisend. Denn schließlich wünschen wir uns alle für unser Alter einen Platz, an dem wir uns nicht nur wohl und sicher fühlen, sondern vielleicht auch noch etwas Sinnvolles in Haus und Garten machen und am Leben der jüngeren Generationen teilhaben können.

Um von Guttau zum Hof Klostersee zu kommen, fährt man also bis **Grönwohldshorst** und dort nach rechts Richtung Cismar. Am Ortsausgang von Grönwohldshorst biegen wir links in den Klosterseeweg. Nachdem wir uns den schönen Hof samt Laden und Cafeteria angeschaut haben, fahren wir den Klosterseeweg weiter und umfahren sozusagen den Hof. Nach kurzer Zeit erreichen wir wieder die Landstraße nach Cismar. Der Fahrradweg neben der Straße führt uns direkt zum **Kloster Cismar**. Das ehemalige Benediktinerkloster aus dem 12. Jahrhundert ist eine ehrwürdige Anlage, die Stille und Klarheit ausstrahlt, obwohl schon seit fast 500 Jahren keine Mönche mehr dort leben. Bis zur Reformation war das Kloster ein Wallfahrtsort, danach wurde es als Gutshof, später auch als Landratsamt und Jugendheim genutzt. Es hat also eine sehr wechselvolle Geschichte erlebt. Besucher können heute noch

Erdbeertorte – ein Gedicht!

die erhaltene Kirche besichtigen, in der sonntags Gottesdienst gefeiert wird. Regelmäßig finden im Kloster Konzerte und Kunstausstellungen statt, im Klostercafé kann man sich stärken. Herrlich sitzt es sich unter der großen Kastanie im Innenhof und auf den Holzbänken mit dem traditionsreichen Gemäuer im Rücken. Mein Mann und ich mögen diesen Ort sehr.

In Cismar selbst wohnen einige Künstler und Kunsthandwerker, die im Ort teilweise Läden, Galerien und Werkstätten betreiben. Auch das **Haus der Natur** ist einen Besuch wert. Besonders interessant ist die Schnecken- und Muschelsammlung mit rund 4000 Einzelstücken. Bemerkenswert ist das Museum schon allein deshalb, weil es sich um eine private Sammlung handelt und die Betreuung der Ausstellung und der Besucher ehrenamtlich ist. Für ein Dorf mit knapp 400 Einwohnern ist das eine tolle Leistung.

Wir heben uns einen Besuch im Ort für ein anderes Mal auf und nehmen heute direkt am Ausgang des Klosters einen schmalen Radweg nach links Richtung **Lensterstrand**. Auf dem schönen Weg durch die Wiesen halten wir uns immer Richtung Lensterstrand, bis sich der Weg teilt: entweder weiter nach Lensterstrand oder nach Lenste. Wer jetzt den kurzen Weg zum Ausgangspunkt der Tour wählen möchte, fährt über Lensterstrand zurück nach Grömitz. Ich empfehle Ihnen einen kleinen Umweg, der sich absolut lohnt. Es geht zum Erdbeerenpflücken (und lecker Torteessen) auf den **Hof Mougin in Lenste**. Ich war schon einmal dort und erinnere mich sehr gern an die sympathische und zupackende Wibke Mougin und ihre inzwischen erwachsenen Kinder. Also biegen wir an der Weggabelung Richtung Lenste ab, halten uns dort an der Hauptstraße rechts, erreichen die Landstraße 501 und fahren nochmals rechts. Nach ungefähr 500 Metern sehen Sie auf der linken Seite das **Café zum Ziegelhof**. Seit über 300 Jahren wirtschaftet die Familie hier – mit Fleiß und Geschick, wie ich auch heute wieder feststelle. Auf 70 Hektar Land werden inzwischen allein die Erdbeeren angebaut. In der Hochsaison managt die Familie ihren Betrieb mit rund 400 Mitarbeitern. Wir sind erstaunt, wie gut besucht das Café selbst mitten in der Woche ist, und lassen uns die Erdbeer-Sahne-Torte schmecken. Danach möchte ich auf dem gegenüberliegenden Feld noch unbedingt leckere Erdbeeren für zu Hause pflücken. Und Sie wissen bestimmt: Erdbeeren, für die man sich selbst gebückt hat, schmecken besonders süß und lecker! Und natürlich wurden die meisten schon während der Rückfahrt vernascht.

Zum Abschied empfiehlt uns Wibke Mougin noch einen hübschen Weg zurück nach Grömitz. Gleich hinter dem Ziegelhof geht es nach links Richtung Lensterbek. Das nächste Dorf heißt **Stadtfurth**, dort geht es weiter links Richtung Nienhagen. Wir kommen durch **Sandberg** und halten uns wieder links Richtung Suxdorf. Nach kurzer Zeit geht es nochmals links Richtung Grömitz. Man fährt auf einem schönen festen Sandweg durch die Felder, der gut ausgeschildert und leicht zu finden ist. Ab und zu kann man sogar die Ostsee am Horizont sehen. In **Grömitz** angekommen, überqueren wir die Hauptstraße und fahren zurück zum ausgeschilderten Großparkplatz Strand.

Nach 42 Kilometern erreichen wir glücklich und zufrieden mit unserer abwechslungsreichen Radtour unseren Ausgangspunkt. Sowohl die herrliche Strecke direkt an der Ostsee als auch die schönen kleinen Wege durch die Wiesen und Felder haben uns sehr gefallen. Alles war gut ausgeschildert. Wir haben gelernt, wie wichtig der Leuchtturm Dahmeshöved nicht nur für Seefahrer war, und haben uns von der ruhigen Atmosphäre des Klosters Cismar umfangen lassen. Wir haben selbst gebackenen Kuchen geschlemmt und als Mitbringsel dieses Mal Erdbeeren vom Hof Mougin und Käse vom Hof Klostersee für zu Hause im Gepäck. In Grömitz kann man auf der Strandpromenade bummeln, in Geschäfte und Restaurants einkehren oder sich im Strandkorb aalen. Wer es einsamer mag, sucht sich eine schöne Stelle an den Naturstränden gleich daneben. Alles in allem war es eine herrliche Tour – die nicht nur bei strahlendem Sommerwetter schön ist.

INFOS

Besichtigungs-Tipps

★ Kloster Cismar
Bäderstraße 42
23743 Cismar
www.kloster-cismar.de

★ Haus der Natur
Bäderstraße 26
23743 Cismar
www.hausdernatur.de

Einkehr-Tipp

★ Hof Mougin
Langenredder 66
23743 Lenste
www.hof-mougin.de

Heike-Tipp

★ Demeterhof Klostersee
Klostersee 1, 23743 Grömitz
www.klostersee.org

Karten-Empfehlung

ADFC-Regionalkarte
Kieler Förde/Fehmarn/
Holsteinische Schweiz
1:75 000

Zwischen Fledermäusen und Sahnetörtchen

Foto: Ingo Wandmacher

Rund um Bad Segeberg

Route (37 km):
- Bad Segeberg
- Blunk
- Nehms
- Schlagberg
- Göls
- Krems II
- Warder
- Quaal
- Immrade
- Stipsdorf
- Bad Segeberg

Start und Ziel unserer heutigen Fahrradtour ist Bad Segeberg, die Stadt, die bekannt ist für Winnetou und Fledermäuse. Und beides hat mit dem 91 Meter hohen Kalkberg mitten in der Stadt zu tun. Von außen ist der Berg traumhafte Kulisse der Karl-May-Festspiele, in seinem Inneren befindet sich eine riesige Höhle, in der im Winter rund 18 000 Fledermäuse ihr Schlafquartier haben.

Beginnen Sie doch den Tag mit dem Besuch des modernen und unterhaltsamen **Fledermauszentrums Noctalis** direkt am **Kalkberg**. Mit der Taschenlampe in der Hand taucht man dort ein in die unbekannte Welt der winzigen Fledermäuse. Zur Erlebnisausstellung gehört auch eine Expedition in die Höhle! Ich war dort unter anderem auch mit meiner Freundin und ihrem fünfjährigen

Sohn, meinem Patenkind, und wir waren alle gleichermaßen begeistert von diesen lautlosen, intelligenten Tieren. Seitdem bemerke ich viel mehr Fledermäuse in meiner Umgebung, beobachte sie abends im Garten und freue mich, dass in Kirchen, Schulen oder Scheunen immer mehr Fledermausquartiere eingerichtet werden. Rund um Bad Segeberg entdeckt man überall Fledermaus-Hinweisschilder, denn es gibt dort sogar Wanderwege auf den Spuren dieser faszinierenden Wesen.

Wir parken unser Auto in Bad Segeberg kostenfrei auf dem Parkplatz des großen Möbelhauses. Von dort nehmen wir den Radweg Richtung Innenstadt (parallel zur B 432). Am Braustübl geht es links in die Dorfstraße Richtung Naherholungsgebiet Ihlwald. Wir überqueren die Ziegelstraße, und am Schützenhaus geht es nach rechts, am Strandbad Ihlsee vorbei auf einem gut befahrbaren festen Sandweg. Das ist die ehemalige Kleinbahntrasse von Bad Segeberg nach Kiel. Sie wurde 1961 stillgelegt, als die Bundesstraße 432 ausgebaut wurde. Die 49 Kilometer lange Trasse führte eingleisig von Bad Segeberg über Plön nach Kiel. Eigentlich schade, finden wir, dass solche Kleinbahnen dem Auto weichen mussten. Andererseits freuen wir uns heute über diesen schönen Radweg.

In **Blunk** angekommen, sehen wir einen typischen alten Bahnhof aus rotem Backstein. Schön! Heute ist dort die Gaststätte Zum Alten Bahnhof. (Wie sollte sie auch sonst heißen?) Ich möchte Ihnen von hier

Holsteinische Knicklandschaft

einen kleinen Abstecher zur **Gärtnerei Wilde Kost** vorschlagen. Nur ein paar Hundert Meter, die sich unbedingt lohnen! Sie werden die recht ungewöhnliche Gärtnerei von Anja Christiansen erleben. Ungewöhnlich deshalb, weil Anja Christiansen alte, sehr schmackhafte Gemüsesorten anbaut wie die Ochsenzunge, den Blauen Schweden oder Spargelsalat. Bei ihr kann man die Berner Rose oder das Bamberger Hörnchen kaufen, und ein absoluter Knüller für mich sind ihre essbaren Wildpflanzen (manche sagen auch Unkraut dazu). Lassen Sie sich überraschen und probieren Sie es einmal! Meine Freundin Bini und mein Mann Detlef, mit denen ich heute unterwegs bin, sind überrascht und sehr angetan von der Vielfältigkeit des Geschmacks heimi-

„Wilde Kost" bei Anja Christiansen

scher Gemüsesorten. Für unsere Großmütter waren diese uralten Sorten noch selbstverständlich. Wir hingegen kennen oft nur noch das, was in den Frischetheken der Supermärkte angeboten wird. Und das ist nur ein Bruchteil von dem, was die Natur um uns herum zu bieten hat. Ich bin immer wieder froh, dass es Menschen wie Anja Christiansen gibt, die es wichtig finden, in ihrer Gärtnerei die alten Gemüsesorten anzubauen – mit viel kleinerem Ertrag als in den hochmodernen Gärtnereien, aber mit Liebe, Ruhe und Sinn für Tradition. Die „Wilde Kost" finden Sie ganz einfach: Wenn der Fahrradweg auf die Straße trifft, fahren Sie auf der Straße weiter Richtung Tensfeld. Hinter dem Ortsausgang Blunk nach einer langen Linkskurve liegt auf der linken Seite die Gärtnerei. Wir kaufen bei Anja an diesem Vormittag leckere Wildkräuter und freuen uns schon jetzt auf den Salat am Abend.

Von der Gärtnerei fahren Sie jetzt ein kleines Stück auf der Hauptstraße zurück Richtung Blunk, und dann geht es nach kurzer Zeit links in die Hornbrookstraße Richtung **Nehms**. Rechts sehen Sie durch die Bäume den **Blunker See** blitzen. Auf dieser wenig befahrenen Straße geht es an der nächsten T-Kreuzung nach links in die Segeberger Straße Richtung Schlamersdorf. Auch hier gibt es keinen extra Fahrradweg, aber die Straße ist wirklich sehr wenig befahren und gut asphaltiert. Nach kurzer Zeit biegen wir rechts ab Richtung Nehms. Rechter Hand

Kaffeepause im Quaaler Ehrgarten

sieht man den **Nehmser See**. Irgendwann kommt ein Schild „Berlin 7 km“ und wir machen einen kurzen Fotostopp. Dieses kleine Berlin ist übrigens eine eigene Reise wert, man findet dort wie im großen Berlin einen „Ku’damm“, eine Straße „Unter den Linden“ oder die „Heerstraße“. Im großen Berlin habe ich 15 Jahre lang gelebt und auch das kleine Berlin kenne ich, weil wir dort mit der *Landpartie* auf dem Haflinger-Hof der Familie Seraphin gedreht haben. Die Familie züchtet Haflinger-Pferde und verkauft die wertvolle Stutenmilch. Für Kuhmilchallergiker eine echte Alternative. Aber heute fahren wir weder ins kleine noch ins große Berlin, sondern bleiben auf unserem Kurs um Bad Segeberg. Von Nehms kommend, erreichen wir bald eine T-Kreuzung und biegen nach rechts Richtung Bad Segeberg. Wenn Sie an dieser Kreuzung einen Abstecher nach links machen, kommen Sie zu einem weiteren Hof, den ich Ihnen empfehlen möchte: Auf dem **Biohof Hohlegruft** kann man bei Anke und Rolf Stoltenberg selbst gebackenes Brot und Kuchen, Eier, frisches Obst oder Käse kaufen. Falls Sie also ein Picknick planen, können Sie sich hier bestens eindecken. Außerdem können Sie die Angler Sattelschweine und die Hühner der seltenen Rasse Sperber angucken. Hinter dem Stall ist eine große Streuobstwiese. Als ich mit der *Landpartie* auf dem Hof war, haben wir mit einer 6. Klasse aus Bad Segeberg diese 30 Obstbäume gepflanzt. Das hat uns und den Schülern viel Spaß gemacht.

Gucken Sie doch mal, ob alle Bäume angewachsen sind und ob die ersten Äpfel oder Pflaumen schon reif sind.

Auf der Strecke Richtung Bad Segeberg geht es viel bergauf und bergab. Am Ortseingang von **Schlagberg** verlassen wir die Straße und fahren links in den ausgeschilderten Radweg nach **Göls**. Es ist ein herrlicher Weg, rechts und links nur Felder und Knicks, die typisch schleswig-holsteinischen Feldbegrenzungen aus Baum- oder Strauchhecken. Diese Knicks oder Över, auf Hochdeutsch auch Wallhecken genannt, sind teilweise mehrere Hundert Jahre alt und waren schon immer Einfriedung, Brennholzlieferant und Erosionsschutz. Außerdem leben in diesen Wallhecken etwa 7000 Tierarten, darunter viele Singvögel. Es sind „lebende Zäune", die von unseren Vorfahren angelegt wurden und die heute in Schleswig-Holstein unter Schutz stehen. Das ist auch gut so, denn die Hälfte aller Knicks, die es nach dem Krieg noch gab, sind in den 1960er- und 1970er-Jahren im Zuge der Flurbereinigung verschwunden. Ziel war es damals, größere und effektiver zu bewirtschaftende Flächen zu erhalten. Heute gibt es in Schleswig-Holstein noch etwa 46000 Kilometer Knicks und zum Glück wissen viele Bauern heute, was für einen Schatz sie damit doch haben. In meiner eigenen Heimat Mecklenburg-Vorpommern prägen Knicks schon lange nicht mehr das Landschaftsbild, da für die LPG-Betriebe riesige Ackerflächen angelegt wurden. Die Landschaft wird dadurch leider eintöniger, Tiere finden keinen Lebensraum mehr und ohne diese natürlichen Hindernisse für den Wind kann es zu Sandstürmen oder Schneeverwehungen kommen.

In Göls fahren wir rechts Richtung **Warder/Krems II**. Wir fragen uns sofort, ob es auch ein Krems I gibt, und wenn ja, wo es liegt. Im Ort selbst finden wir keinen Hinweis, sodass ich erst zu Hause am Schreibtisch recherchieren kann. Ich erfahre, dass es im Kreis Segeberg tatsächlich ein Krems I gibt, das heute ein Ortsteil der Gemeinde Leezen ist. Aha! Wir sind jetzt auf der Suche nach einer schönen Stelle für unser Picknick. Dazu fahren wir geradeaus durch besagtes Krems II Richtung **Warder/Quaal**. In Warder biegt man neben dem Gasthof links zur Kirche und zur Badestelle am **Wardersee**. Gegenüber der Kirche muss man zunächst beherzt auf ein privat aussehendes Grundstück gehen, das sich aber als öffentliche Badestelle mit herrlich großer Liegewiese entpuppt. Es ist noch Vorsaison und der Himmel bedeckt, sodass wir die Einzigen hier sind. Es ist wunderbar ruhig. Wir sitzen direkt am Wasser und verspeisen genüsslich unseren Proviant. Viel Zeit, danach noch lange auf das Wasser zu schauen, haben wir leider nicht, denn der Blick zum Himmel verrät uns, dass es bald regnen wird. Also weiter!

Wir überqueren die Bundesstraße 432 und fahren nach **Quaal**. Lustiger Name für einen Ort, finden sicherlich nicht nur wir. Wenn Sie Lust haben auf Kaffee und Kuchen und die in der Überschrift versprochenen Sahnetörtchen, sei Ihnen unbedingt der **Quaaler Ehrgarten** im Immrader Weg 2 empfohlen.

Uns treibt heute der drohende Regen schnell die letzten Kilometer nach Bad Segeberg zurück. Deshalb fahren wir in Quaal an der Kreuzung links Richtung Schieren, dann gleich wieder rechts nach **Immrade**, Stipsdorf. Es ist wieder eine wenig befahrene Straße ohne Fahrradweg mit herrlichen Ausblicken auf die Felder. In einer Senke biegen wir rechts in den Fahrradweg nach **Stipsdorf** und weiter nach **Bad Segeberg**. Rechts sieht man hin und wieder den **Großen Segeberger See**. Ein Wanderweg führt direkt am See entlang. Aber wir entscheiden uns für den asphaltierten Radweg, der uns sicher bis Bad Segeberg bringt. In Bad Segeberg selbst biegen wir an der T-Kreuzung rechts in die Lübecker Straße Richtung **Stadtmitte/Noctalis**. Wenn man jetzt immer geradeaus weiterfährt, kommt man über den Marktplatz und die Fußgängerzone wieder direkt zum Parkplatz. Auf den letzten Metern in Bad Segeberg erwischt uns tatsächlich noch der erste Regen, aber froh und glücklich sind wir nach 37 Kilometern wieder am Auto.

Es war wieder eine schöne Tour mitten durch die schleswig-holsteinische Landschaft mit ihren Seen, Feldern, Knicks und Hügeln. Wir haben viel über die lautlosen Fledermäuse gelernt, die in der Bad Segeberger Kalkberghöhle ihr Winterquartier haben. In Blunk haben wir „Wilde Kost“ probiert und ein wunderbares Picknick am See gemacht. Wer nach der Radtour noch Zeit und Lust hat, besucht am Abend eine Vorstellung der **Karl-May-Festspiele** und lässt sich von Winnetou und Old Shatterhand in den Wilden Westen entführen, der bekanntlich mitten in Bad Segeberg liegt.

INFOS

Besichtigungs-Tipp

- Fledermauszentrum Noctalis
  Oberbergstraße 27
  23795 Bad Segeberg
  www.noctalis.de

Einkehr-Tipp

- Quaaler Ehrgarten
  Immrader Weg 2
  23821 Rohlstorf-Quaal
  www.cafe-ehrgarten.de

Heike-Tipps

- Gärtnerei „Wilde Kost“
  Imberg 3
  23813 Blunk
  www.wilde-kost.de

- Biohof Hohlegruft
  Hohlegrufterstraße 4
  23813 Nehms
  www.hof-hohlegruft.de
  Nur Fr. und Sa. geöffnet

Karten-Empfehlung

ADFC-Regionalkarte
Lübeck u. Umgebung/
Neumünster Holstein.
Auenland
1:75000

Reetdachhäuser, Nordseeluft und eine Kunstsammlung

Foto: Ingo Wandmacher

Auf der Insel Föhr

Route (31 km):

- Wyk
- Wrixum
- Oevenum
- Alkersum
- Oldsum
- Süderende
- Borgsum
- Goting
- Nieblum
- Wyk

Um es gleich vorwegzunehmen: Ein einziger Tag ist für die Insel Föhr viel zu wenig! Die zauberhafte Insel ist für Fahrradtouren wie geschaffen: kleine Straßen, wenig Autoverkehr, kurze Entfernungen zwischen den Orten, hübsche Dörfer mit vielen reetgedeckten Friesenhäusern, eine weite grüne Landschaft, Kirchen, Strände, Cafés ... Sie merken sicher schon, ich bin ein wenig verliebt in Föhr! Ich freue mich immer, wenn mich meine Arbeit mal wieder auf die Insel führt, und jedes Mal bin ich berührt von diesem Fleckchen Erde. Zu Dreharbeiten der Landpartie *war ich schon dort und auch für viele Gespräche, die wir mit Insulanern für unser Buch geführt haben. Wir – das sind meine Kollegin und Freundin Christiane Greve und ich. Mit ihr habe ich mich auch für die heutige Tagestour per Rad verabredet.*

Wir fahren sehr früh in Hamburg los, damit wir um 9.30 Uhr die Fähre ab **Dagebüll** erreichen. Der Fährverkehr ist sehr gut organisiert, und etwa stündlich legt ein Schiff nach Föhr ab. Als Fußgänger braucht man selbst in der Hochsaison keine Voranmeldung. Das Auto lassen wir auf dem großen bewachten Parkplatz am Fähranleger in Dagebüll, und dann geht unsere kleine Inselreise endlich richtig los. Die Möwen kreischen und die steife Brise, die uns um die Nase weht, riecht eindeutig nach Meer. Bei einem Pott Kaffee aus dem Bordbistro freuen wir uns auf Föhr, die grüne Insel. Nach einer guten Stunde legen wir im Hafen von **Wyk** an.

Hausgemachte Marmeladen: Lecker!

Diesmal haben wir keine eigenen Räder mitgenommen, sondern wollen uns bei einem der vielen Fahrradhändler auf der Insel eins leihen. Gleich in Wyk, nicht weit vom Fähranleger, werden wir fündig. Der freundliche Fahrradmann schlägt uns E-Bikes vor, wegen des heute recht starken Windes. In Ordnung – wir probieren es aus. Schon nach wenigen Hundert Metern wird uns klar, dass dieses heute die beste Entscheidung war. Mühelos radeln wir durch die Marsch und die Felder. Immer gegen den Wind! Wir müssen über uns selbst lachen, während wir wie von unsichtbarer Hand angeschoben dahinbrausen. Manche meinen zwar, mit einem E-Bike sei es gar kein richtiges Radfahren mehr und eine ziemliche Schummelei. Na ja ... so ganz unrecht haben sie sicher nicht. Trotzdem macht es Spaß und ist für unseren heutigen Zweck genau richtig, immerhin wollen wir eine große Runde über die Insel drehen und am späten Nachmittag die Fähre zurück zum Festland nehmen.

Zuerst fahren wir von Wyk aus Richtung Midlum. Der Fahrradweg führt auf einer kleinen geteerten Straße parallel zur Boldixumer Straße, der Hauptstraße. Es geht sozusagen auf der Rückseite des Dorfes entlang, immer der Fahrradweg-Ausschilderung nach. Wir radeln über **Wrixum** nach **Oevenum**, einem der vielen hübschen bilderbuchhaften Inseldörfer. Schon allein die Namen der Dörfer klingen für mich wie aus einem schönen Sonntagnachmittag-Bilderbuch. Vor einem der Friesenhäuser entdecke ich einen kleinen Selbstbedienungsladen mit Marmelade. Ich finde solche Ideen immer klasse, und außerdem liebe ich

Zu Gast bei den wunderbaren Föhrer Frauen

selbst gemachte, besondere Marmelade. Ich kaufe ein Glas „Schwarze Johannisbeere“, und weiter geht’s auf dem gut ausgeschilderten Fahrradweg Richtung Midlum/Alkersum. Gleich hinter Oevenum teilt sich der Weg. Links geht es nach Midlum. Wir aber bleiben auf dem Weg geradeaus Richtung „**Wyk über Vogelkoje**“. Das ist etwas irritierend, weil wir ja gerade aus Wyk gekommen sind, aber der Hinweis ist auch für Radler aus der Gegenrichtung gedacht. Diese Vogelkojen sind ganz typisch für die nordfriesischen Inseln. Eigentlich müssten sie Entenkojen heißen, da in ihnen früher Wildenten gefangen wurden. Auf einem künstlich angelegten Teich schwammen gezähmte Enten und lockten so während des Vogelzugs die Wildenten an. Mit einem System aus Netzen und Reusen wurden die Wildenten dann gefangen. Das Entenfleisch war bei den Insulanern sehr beliebt und ein wichtiger Teil der Ernährung. Die Enten wurden nicht nur frisch gegessen, sondern auch auf Vorrat gepökelt und in Fässern gelagert. Auf Amrum und Föhr gab es zeitweise sogar Konservenfabriken. So hatte man das ganze Jahr über Entenfleisch zur Verfügung, und so manche Dose wurde zu den ausgewanderten Verwandten nach Amerika geschickt. In den sechs heute noch erhaltenen Vogelkojen werden zwar schon lange keine Enten mehr gefangen, man kann sich dort aber über diesen besonderen Teil der Inselgeschichte informieren. Wir radeln immer gegen den Wind Richtung Nordosten.

Föhrer Abendstimmung

Föhr ist als „die grüne Insel" bekannt und – anders als ihre Schwestern Amrum und Sylt – sehr von Landwirtschaft geprägt, besonders im Norden der Insel, der aus fruchtbarem Marschland besteht. Wir machen eine große Schleife durch das herrliche „Osterland", wie es genannt wird, den einsamen und wunderschönen Nordostteil der Insel. Der Himmel ist hier besonders weit, das Land flach und grün. Um uns herum grasen die Kühe und wir brausen auf unseren „Rädern mit Flügeln" dahin. Wir folgen immer den Fahrradschildern Richtung **Midlum** und von dort Richtung Alkersum. In **Alkersum** an der Hauptstraße angekommen, halten wir uns links. Dort ist das wunderbare **Museum Kunst der Westküste**. Es wurde erst 2008 gegründet und beherbergt die private Kunstsammlung des Stifters Frederik Paulsen. So hat sich denn auch die von Paulsen 1988 gegründete Ferring-Stiftung unter anderem zum Ziel gesetzt, die Geschichte, Sprache und Kultur der Insel zu erforschen und zu fördern. Der Name Ferring, auf Friesisch „Fering" geschrieben, hat mehrere Bedeutungen: Er bezeichnet die Sprache der Insulaner, die traditionelle Tracht der Frauen und allgemein alles, was mit Föhr zu tun hat. Es gibt eine Bibliothek, zahlreiche Veranstaltungen, Preisverleihungen, Stipendien und außerdem das sehr schöne Museum der Westküste mit etwa 500 Gemälden und Grafiken zum Thema Meer und Küste. In der Ausstellung sind mit Max Liebermann, Emil Nolde und Edvard Munch hochkarätige deutsche

Buntes Strandleben

und skandinavische Künstler vertreten, aber uns begeistern auch die Werke der weniger bekannten Maler. Auf alle Fälle lohnt ein Besuch in diesem kleinen, aber feinen Museum. Die Bilder spiegeln die Landschaft, die Inseln, das Meer und die Menschen hier in Nordfriesland wider, man spürt die Nordsee und bekommt Lust auf „Mehr“. In **Grethjens Gasthof** gleich nebenan kann man lecker essen oder Kaffee trinken.

Nur einen Steinwurf entfernt ist der Hof der Familie Hartmann. In ihrer „Föhrer Inselkäserei“ werden aus der Rohmilch der eigenen Kühe 7 verschiedene Sorten Käse gemacht. In einem hübschen Hofladen kann man diese köstlichen Käse für den Inselurlaub oder für zu Hause kaufen. Die „Föhrer Inselkäserei“ gehört zum Verbund „Föhrgreen“. Das ist ein Zusammenschluss von Manufakturen, Cafes und auch Unterkünften auf der Insel. „Föhrgreen“ bedeutet, dass „Nicht heute auf Kosten von morgen gelebt wird und nicht hier auf Kosten von anderswo.“ Arbeitsplätze für Einheimische werden so erhalten oder geschaffen (und zwar ganzjährig), überwiegend mit heimischen Produkten gearbeitet und Müll und Energie so weit wie möglich reduziert. Ich finde solche Initiativen sehr gut und unterstütze sie gern. Ja, das kann ich auch als Gast der Insel, indem ich vielleicht ein kleines bisschen mehr als sonst darauf achte, wo ich wohne, was ich einkaufe und esse und ob ich vielleicht mal für meinen Föhr-Urlaub das Auto ganz vergesse. Es sind so kleine Schritte, die aber in ihrer Gesamtheit Großes bewirken können! PS: Und „Föhrgreen“ wird übrigens nicht englisch sondern friesisch ausgesprochen, und das ist mit einem langen eeee.

Gut gestärkt an Leib und Seele fahren wir jetzt Richtung Westen nach Oldsum und Süderende. Dort gibt es auf dem Friedhof der Kirche **Sankt Laurentii** die „sprechenden Grabsteine“. Wir sind gespannt!

Der Fahrradweg verläuft neben der Inselhauptstraße, aber der Autoverkehr ist trotz Hochsaison nicht störend. Viele Urlauber auf Föhr fahren eben Rad. Diese Art der Fortbewegung bietet sich auf dieser Insel einfach an. Die Luft kann nicht frischer sein als hier und alles ist gut per

Rad zu erreichen. Kurz vor **Oldsum** sehen wir rechts eine Mühle. Es gibt auf Föhr vier Windmühlen, die teilweise besichtigt werden können.

In Oldsum möchte ich Ihnen auf alle Fälle noch die „Föhrer Wolle“ von Heike Müller empfehlen. Für Frauen (und Männer), die wie ich gerne stricken, ist der kleine Laden ein Paradies. Handgesponnene und handgefärbte Wolle von Föhrer Schafen...ach, was kann es Schöneres geben?

In Süderende ist der Weg zur Kirche Sankt Laurenti gut ausgeschildert. Die 800 Jahre alte Kirche ist schlicht und hell. Sie strahlt die Ruhe und erhabene Schönheit einer alten Seefahrerkirche

Sprechender Grabstein

Wir haben hier keine bleibende Stätte,
sondern die zukünftige suchen wir.

Dieses Grab umschließt die irdische Hülle der beiden Eheleute Ocke Hinrich Flor und Thur Flor geb. Rickmers aus Oldsum, welche 1818 den 23 Jan. zur vereinten irdischen Wallfahrt den Bund der Ehe schloßen. Beide sind geboren in Oldsum, er 1794 den 21 August, und sie 1791 den 4 Juli. In früher Jugend trat er den wechselvollen Beruf eines Seefahrers an und von der milden Hand der Vorsehung mit Glück gesegnet führte er seit 1824 als Capitain nach einander mehrere Schiffe, meistens von Hamburg nach Newjork. Nachdem er sich 1852 in seine Geburtsheimath zurückgezogen hatte, verwandte er die letzte Zeit und Kraft seines Lebens darauf, das Wohl seiner Familie und in dem ihm aufgetragenen Amte eines Schulpatrons das Beste der Gemeinde zu fördern, bis ihn der

Herr des Lebens nach einem schweren letzten Leiden 1856 den 6 Mai durch den Tod zur ewigen Ruhe einberief, da er 61 Jahre 8 Monate 15 Tage hienieden gelebt hatte.

Thur Flor, die treue Gattinn, die sorgsame Hausfrau, die lieben Mutter, entschlief nach langem Leiden 1852 den 2 Februar in einem Alter von 60 Jahren 6 Monaten 29 Tagen.

Die hinterlassenen Kinder, ein Sohn und 2 Töchter setzen ihren Eltern dieses Denkmal, und ihnen, wie den Schwiegerkindern und Enkeln bleibet ihr Andenken im Segen.

Eins der schmucken Friesenhäuser

aus, in der viele Generationen von Insulanern getauft wurden, geheiratet haben, zur letzten Ruhe begleitet wurden und in der man sich wie immer jeden Sonntag zum Gottesdienst versammelt. Wir halten inne, genießen die Stille in der Kirche, freuen uns über Herz, Kreuz und Anker an den Kirchenbänken, das uralte Symbol der Seefahrer für „Liebe, Glaube, Hoffnung“. Rund um die Kirche liegt der Friedhof. Schnell werden Sie die besonderen „sprechenden Grabsteine“ entdecken, auf denen man außer dem Geburts- und Sterbedatum vieles aus der Lebensgeschichte des Verstorbenen erfahren kann. Uns gefällt besonders dieser Grabstein (siehe links).

Berührt von dieser alten friesischen Tradition radeln wir mit einer tiefen inneren Ruhe weiter. Wer etwas mehr Zeit mitgebracht hat als wir (unsere Fähre fährt um 16.30 Uhr), sollte jetzt unbedingt nach Dunsum zum Strand fahren und dann bis Utersum an der Küste entlang. Wir jedoch nehmen den Weg nach **Borgsum**. Es ist ein herrlich geteerter, glatter Weg, der uns wie von selbst zum **Ringwall Lembecksburg** führt.

Auch hier kann man wieder in friesische Geschichte eintauchen, allerdings in noch viel ältere. Diese ist etwa 1000 Jahre alt und reicht zurück bis in die Zeit der Wikinger. Die Lembecksburg ist eine Wallanlage, auf der früher Palisaden standen. Bei Ausgrabungen in den 1950er-Jahren wurden Hausgrundrisse freigelegt und man fand zahlreiche Scherben, Webgewichte, Eisengeräte und Gefäße aus Speckstein. Jedoch weiß man insgesamt sehr wenig über diese frühe Besiedlungsgeschichte der Insel. Heute kann man von hier oben vor allem einen wunderbaren Rundblick genießen. In Borgsum nehmen wir dann wieder den Fahrradweg neben der Landstraße und fahren über **Goting** nach **Nieblum**. Auch hier sollte man eine kleine Pause einlegen, denn das Dorf ist bezaubernd, ein wahres Schmuckstück der Insel. Nirgendwo gibt es so viele prächtige reetgedeckte Friesenhäuser wie hier.

Die Architektur ist ein ganz markantes Merkmal der friesischen Kultur. Dazu die eigene Sprache, die auf Föhr von rund

3000 Menschen gesprochen wird – Tendenz steigend, denn friesisch wird auf der Insel in der Schule gelehrt, und es gibt einen eigenen Radiosender auf friesischer Sprache. Als ehemalige Radiomoderatorin durfte ich da einmal eine Ansage machen und die klang dann in etwa so: „Gud dai, ik san Heike Götz an begrööte jam gans hartelk bi Frisk Funk.“ Wer Glück hat, erlebt auch einmal die Föhrer Frauen mit ihrer friesischen Tracht, die sie voller Stolz tragen. Diese wertvollen Trachten tragen sie das erste Mal bei ihrer Konfirmation und dann immer wieder zu besonderen Anlässen. Typisch ist der filigrane Silberschmuck, den früher die seefahrenden Männer ihren Frauen geschenkt haben, natürlich mit Kreuz, Herz und Anker. Mich berührt besonders, dass diese Trachten kein Gaudi oder Faschingskostüm sind, sondern ganz selbstverständlicher Teil des Lebens einer Föhrer Frau.

Von Nieblum bis zurück nach **Wyk** ist es jetzt nur noch ein Katzensprung. Weil wir uns zum Schluss etwas beeilen mussten, sind wir einfach auf dem Fahrradweg neben der Landstraße geblieben. Das ist unkompliziert und schnell. Der etwas schönere Weg führt näher an der Küste entlang, am Golfplatz und Flugplatz vorbei. Dazu biegen Sie in Nieblum rechts ab und nehmen Kurs auf Wyk-Südstrand. Über die Badestraße erreichen Sie wieder Ihren Ausgangspunkt und den Fähranleger.

Nach 31 Inselkilometern geht unsere heutige Fahrradtour zu Ende. Wir haben die wunderbar weite Marsch der Insel durchfahren, leckeren Käse gegessen, haben Meerbilder im Museum der Westküste angeschaut, einiges über friesische Kultur und Tradition erfahren, haben sprechende Grabsteine entdeckt, von der Lembecksburg das Land überblickt und die Herzlichkeit und Gastfreundschaft der Menschen auf Föhr erlebt. Schon auf der Fähre zurück ist uns klar: Wir kommen wieder! Ein Tag für Föhr ist viel zu wenig, aber trotzdem wunderschön.

INFOS

Besichtigungs-Tipps

- ★ Museum Kunst der Westküste
  Hauptstraße 1
  25938 Alkersum
  www.mkdw.de

- ★ Kirche St. Laurentii
  Haus Nr. 1
  25938 Süderende

Einkehr-Tipp

- ★ Grethjens Gasthof
  (im Museum Kunst
  der Westküste)
  Hauptstraße 1
  25938 Alkersum
  www.grethjens-gasthof.de

Karten-Empfehlung

Fahrradkarte „Friesische Karibik“

Föhr Tourismus GmbH

Kaiser, Kanal und Käse

Foto: Ingo Wandmacher

Am Nord-Ostsee-Kanal

Route (43 km):
- Rendsburg
- Rader Hochbrücke
- Sehestedt
- Holtsee
- Grünhorst
- Sehestedt
- mit der Fähre über den Kanal
- Rade
- Schwebefähre Rendsburg

Los geht's in Rendsburg. *Wir parken auf dem Parkdeck „Schiffsbrückenplatz" direkt in der Innenstadt für 50 Cent pro Stunde. Direkt um die Ecke ist die Touristeninformation. Wer noch keine Fahrradkarte hat, bekommt sie hier. Die kompetenten und freundlichen Mitarbeiterinnen raten meinem Mann und mir, über den Schlossplatz geradeaus zum Eiderhafen zu fahren und dort in den Radweg entlang des Kanals einzusteigen. Na dann los!*

Das Wetter ist gut, die Laune auch, und wir haben sogar etwas Rückenwind. Flott kommen wir voran und verlassen bald die Stadt über die Brückenstraße, Friedrichsbrunnen, Friedhofsallee und Agnes-Miegel-Straße. Das ist sehr einfach zu finden, da man immer nur den **Fahrrad-Hinweisschildern** folgen muss. Überhaupt ist die gesamte Route gut mit diesen kleinen rechteckigen Hinweisen

Fotos: Ingo Wandmacher

Radfahren direkt am Kanal ...

... mit Blick auf Ozeanriesen

gekennzeichnet, auf denen ein stilisiertes Fahrrad zu sehen ist. Oft steht auf diesen Schildern zusätzlich **„NOK-Route“**. Am Ende der Agnes-Miegel-Straße fehlt zwar so ein Schild, aber Sie fahren hier einfach nach rechts und kommen schnell hinunter zum Kanal. Und nun geht es auf dem **Uferweg** immer am Wasser entlang, wunderschön unter Bäumen. Immer wieder laden Bänke und Rastplätze zur Pause ein. Wir aber sind ja noch frisch und munter und widerstehen der Versuchung. Bei der nächsten T-Kreuzung fahren wir rechts Richtung Eckernförde und gleich wieder links auf unseren NOK-Radweg. Geradeaus geht es auf die Insel mitten im Kanal, die zu dem Ort Schacht-Audorf gehört. Wir unterqueren die Autobahn. Von hier unten sieht man, wie hoch die **Rader Hochbrücke** ist. Es sind 49 Meter, lese ich später nach, damit auch große Schiffe mit hohen Aufbauten problemlos den Nord-Ostsee-Kanal passieren können. Und mit knapp 1,5 Kilometern Länge ist sie nach der Ruhrtalbrücke Mühlheim die zweitlängste Straßenbrücke aus Stahl in Deutschland. Gebaut wurde sie von 1969 bis 1972 im Zuge des Baus der A 7. Die Autos oben auf der Brücke wirken von hier unten winzig klein und scheinen fast am Himmel über den Kanal hinwegzusausen.

Kurz nach der Autobahn verlässt der Fahrradweg den Kanal, weil hier ein Militärgelände umfahren werden muss. Nach knapp 200 Metern auf der Hauptstraße führt uns das Fahrradzeichen aber wieder

Vor der Käsekiste

scharf rechts an den Kanal. Und nun geht es super voran. Ein glatter Weg, immer direkt am Ufer entlang. Wenn man möchte, kann man die gesamte Strecke von fast 100 Kilometern von Kiel bis Brunsbüttel oder umgekehrt am Kanal entlangradeln. Auf beiden Seiten verläuft jeweils ein befestigter Betriebsweg, der für Radfahrer und Fußgänger freigegeben ist. Der Nord-Ostsee-Kanal, der international als Kiel Canal bekannt ist, gehört zu den meistbefahrenen Wasserstraßen der Welt. Die Schiffe, die zwischen Nord- und Ostsee unterwegs sind, sparen sich so den rund 900 Kilometer längeren Weg um die Nordspitze Dänemarks. Eröffnet wurde der Kanal 1895 von Kaiser Wilhelm II. Die Zeremonie wurde von dem Briten Birt Acres mit einer Filmkamera aufgenommen und sein Film *The Opening of the Kiel Canal* gilt als älteste Filmaufnahme Deutschlands. Der Kaiser war übrigens ein großer Freund des Films und sah es später gern, wenn eine Kamera ihn bei diversen Staatsaktionen begleitete. Da das Filmmaterial aber damals noch sehr kostbar war und die Kameras sehr schwer und umständlich zu bedienen, haben die Kameramänner angeblich manchmal nur so getan, als ob sie filmten. Noch heute jedenfalls sprechen wir beim Fernsehen manchmal vom „Kaiserfilm", wenn wir nicht wirklich drehen, sondern nur den Anschein erwecken.

Wir erreichen **Sehestedt**, und ganz Hungrige können sich hier am Imbiss stär-

Kostenlos über den Kanal

ken. Die Werbung „Wurst mit Kanalblick" klingt auch verlockend! Wir wollen heute aber weiter zur **Käserei Holtsee**, genauer gesagt zur „Käsekiste", dem Hofladen mit Imbiss. Die Käserei Holtsee ist eine dieser traditionellen Genossenschaftsmolkereien (oder Meiereien, wie man in Schleswig-Holstein sagt), die zum Glück noch an einigen Orten existieren. Vor über 70 Jahren wurde sie von 40 Bauern der Umgebung gegründet, heute liefern 210 Betriebe ihre Milch nach Holtsee. Über 100 Millionen Liter Milch werden hier im Jahr zu Käse verarbeitet. Die Spezialität ist der würzige Tilsiter, der noch nach traditioneller Art hergestellt wird. Da mein Mann genau so ein Käseliebhaber ist wie ich, fahren wir also von der Fähre in Sehestedt landeinwärts in das Ortszentrum und von dort auf einem Fahrradweg neben der wenig befahrenen Landstraße nach **Holtsee**. Die Käserei im typisch roten Backsteingebäude liegt links an der Kreuzung und die dazugehörige „Käsekiste" genau gegenüber. Der Schriftzug ist wie das ganze Gebäude sympathisch altmodisch. Es sieht von außen aus wie in den 1950er- oder 1960er-Jahren. Innen gibt es eine moderne, reich bestückte Theke und ein paar Sitzgelegenheiten. Wir fühlen uns wohl. Die Auslage sieht appetitlich und frisch aus. Für 1,99 Euro bekommt man zwei halbe Brötchen (dick mit Käse belegt) und einen Pott Kaffee. Wir lassen es uns schmecken und mein Mann, Sohn eines Schleswig-Holsteiner Meieristen und langjährigen Milchladenbesitzers in Hamburg, sagt über den Tilsiter: „Der schmeckt wie früher!“ Viele Kunden, Radfahrer, Motorradfahrer und Einheimische kommen während unserer Pause in den Laden, essen wie wir gleich ein Käsebrötchen und nehmen noch einen Vorrat für zu Hause mit. Fast 100 Mitarbeiter arbeiten in der Käserei. Zwei davon, die beiden freundlichen Verkäuferinnen, die uns sehr nett und ausführlich beraten, lernen wir heute kennen und wir finden, dass ein Abstecher zum Tilsiter und der „Käsekiste“ ein absolutes Muss ist!

Gut gestärkt machen wir uns auf den Weg zurück nach **Sehestedt**, nehmen zur Abwechslung aber eine andere Strecke. Von der Käserei aus fahren wir ein paar Hundert Meter weiter **Richtung Gettorf** und biegen dann rechts in einen kleinen Fahrradweg **Richtung Grünhorst** ab. Wir folgen immer den Fahrradweg-Hinweisen: an der Gabelung hinter Grünhorst nach links auf die Straße mit dem schönen Namen „Triangel“ über eine Weide, dann auf einem schönen Weg durch den Wald direkt zurück nach **Sehestedt**. Hier setzen wir mit der **Fähre** „MS Stolpmünde“ auf die andere Kanalseite über. Das Besondere an den Fährfahrten auf dem Nord-Ostsee-Kanal ist nicht nur, dass sie sehr kurz sind, sondern vor allem, dass sie kostenlos sind. Das ist übrigens noch ein Relikt aus Kaisers Zeiten. Da durch den Bau der künstlichen Wasserstraße bereits bestehende Straßen unterbrochen wurden, gab es einen kaiserlichen Erlass, nach dem eine Fährfahrt nichts kosten durfte. Wilhem II. wollte damit die Bevölkerung besänftigen und sie

Foto: Ingo Wandmacher

Wir schweben über den Kanal

für Umwege entschädigen, die durch den Kanal entstanden. Und so ist es bis heute. Ruck, zuck! haben wir übergesetzt und fahren direkt am südlichen Kanalufer Richtung Rendsburg. Eine kurze Rast machen wir noch in **Rade** bei Fischer Brauer. Bei einer *Landpartie* sind wir vor ein paar Jahren am frühen Morgen mit ihm und seiner Tochter, die ebenfalls Fischerin ist und inzwischen noch Landwirtschaft studiert hat, auf dem Kanal gewesen, um Aal zu fangen. Die Familie von Hans Brauer ist schon seit über 200 Jahren in Rade ansässig und besitzt dort Fischereirechte. Als mit dem Bau des Kanals ihr angestammtes Fanggebiet, der Schirnauer See, verschwand, wurden die Rechte auf den Kanal übertragen. Heute fischt Familie Brauer auf einer 16 Kilometer langen Kanalstrecke vor allem Hering, Butt, Zander und Aal. In **Brauers Aalkate** kann man den Fisch verspeisen oder geräuchert mit nach Hause nehmen, was wir sehr gern machen.

Nun ist es nur noch ein kurzes Stück bis zur **Schwebefähre in Rendsburg,** die im Sommer 2021 wieder in Betrieb gehen soll. Diese Schwebefähre ist etwas ganz Besonderes, weltweit gibt es nur acht Stück dieser Art. Die Fähre hängt an Seilen unter der **Rendsburger Eisenbahnhochbrücke**. Es ist ein kleines Erlebnis, unter der riesigen Hochbrücke und nur knapp über der Wasseroberfläche dahinzuschweben. Übrigens wurde im Jahr 2003 in Bilbao der Weltverband der Schwebefähren gegründet, obwohl es, wie gesagt, nur acht Schwebefähren auf der ganzen Welt gibt! Der Ehrenvorsitzende des Verbandes ist der spanische König Juan Carlos. Als Fan der wunderschönen Stadt Bilbao freut und amüsiert mich das natürlich sehr. Wieder auf der Rendsburger Seite des Kanals kann man nun noch den Tag im Restaurant Brückenterrassen am „Ships-Welcome-Point“ ausklingen lassen. Man sieht die Frachter, Tanker und Traumschiffe gemächlich im Kanal vorbeiziehen, über die Brücke rattert alle paar Minuten ein Zug und zwischen 5 und 23 Uhr schwebt im Viertelstundentakt die Fähre über den Kanal, um maximal vier Autos und 60 Personen auf die andere Seite zu bringen. Hier gibt’s also ganz schön was zu gucken! Um zum Ausgangspunkt der heutigen Rundfahrt zurückzukehren, folgen wir den Fahrradschildern Richtung Innenstadt und biegen in die Kieler Straße links ein.

Auf der Rückfahrt nach Hamburg lassen wir die Fahrt noch einmal Revue passieren: Es waren sehr schöne glatte Wege immer am Wasser entlang, mit etwas Glück sieht man tolle (Traum-)Schiffe, setzt mit Fährschiffen und Schwebefähren über, außerdem gibt es auch lohnenswerte Ziele etwas abseits des Kanals. Wir haben viel gelernt über die Geschichte und Technik des Kanals, haben leckere Käsebrötchen in einer historischen Meierei gegessen und freuen uns schon jetzt auf den Räucherfisch aus Rade.

Fazit: Der Weg durch die Mitte Schleswig-Holsteins ist absolut zu empfehlen, besonders wenn man vom Kanal aus noch kleine Abstecher ins Landesinnere macht.

INFOS

Besichtigungs-Tipp

★ Schwebefähre Rendsburg

Einkehr-Tipp

★ Brauers Aalkate
Schirnauer See 5
24790 Rade
www.brauers-aalkate.de

Heike-Tipp

★ Käsekiste
Dorfstraße 2, 24363 Holtsee
www.holtseer.de

Karten-Empfehlung
ADFC-Regionalkarte
Kieler Förde/Fehmarn
1:75000
Wittensee
Holtsee
Käsekiste
Grünhorst
Sehestedt
Fähre
Gruhl
NOK
Steinwehr
Himbeerhof
Schirnau
Rade
Inselhof
Brauers Aalkate
Borgstedt
delsdorf
NOK
Schacht-
Audorf
Rendsburg
Eisenbahnhoch-
brücke
Schwebefähre
Osterrönfeld
Westerrönfeld

Ostsee, Kalifornien und Brasilien

Foto: Heike Götz

Von der Kieler Förde in die Probstei

Route (35 km):

- Laboe
- Marina Wendtorf
- Kalifornien
- Brasilien
- Schönberger Strand
- Schönberg
- Passade
- Prasdorf
- Lutterbek
- Brodersdorf
- Laboe

Ein Tag wie aus dem Bilderbuch: Sonne, Schäfchenwolken, Wind (von hinten!) und Wellen auf der Ostsee. Meine Freundin Bini und ich sind begeistert, als wir in Laboe *unsere Fahrradtour beginnen. Wir haben unser Auto für eine Gebühr von fünf Euro auf dem Parkplatz am* Marine-Ehrenmal *abgestellt. Von dort geht es direkt runter zum Wasser. Die Kieler Förde liegt vor uns. Es weht ein kräftiger Wind, auf der blauen Ostsee blitzen kleine weiße Schaumkämme auf. Für die Kite-Surfer gerade das richtige Wetter. Für uns zum Glück auch, denn ausnahmsweise kommt der Wind heute mal aus der richtigen Richtung, nämlich von hinten. Juhu! Mit Rückenwind ist die heutige Tour auf dem Ostseeküstenradweg ein Genuss. Und noch denken wir nicht an den Rückweg ...*

Brasilien liegt an der Ostsee

Sommerstimmung in der Probstei

Der Radweg führt meistens direkt am Wasser entlang, das in dieser Richtung immer linker Hand von uns liegt. Kurz werden wir einmal auf einen Fahrradweg neben der Straße geleitet, um danach gleich wieder zur Förde, die sich hier allmählich zur Ostsee öffnet, zurückzukehren. Wir haben eine fantastische Sicht auf die Schiffe, die Segler und die Fähren. Die Sonne scheint und wir rollen dank des Rückenwinds mühelos dahin. Dieser Weg direkt am Ufer wäre selbst bei nicht so optimalen Bedingungen einfach wunderbar. An der **Marina Wendtorf** bestaunen wir die vielen Segelboote und Fischkutter. Ein schönes, eben typisch norddeutsches Bild. Meine Freundin Bini, die ursprünglich aus dem Badischen stammt, sagt, dieses seien genau die Momente, in denen sie sich sicher ist, dass es richtig war, vor ein paar Jahren in den Norden zu ziehen. Wir beide sind uns einig, dass wir das Meer lieben und dass man solche Ausflüge wie heute eigentlich viel zu selten macht. Ach ja ...

Gleich darauf lassen wir uns irgendwo kurz vor Kalifornien gemütlich am Strand nieder, essen unsere mitgebrachten Brote und freuen uns mal wieder, dass wir uns doch zu dieser Radtour aufgerafft haben. Denn als wir morgens bei noch bedecktem Himmel zu Hause losfuhren, hätten wir uns auch einen gemütlichen Tag auf dem Sofa vorstellen können ... Das ist der gefährlichste Moment! Dagegen hilft am besten die Verabredung mit einer Freundin zu einem Ausflug und natürlich die

Freude auf das Unbekannte, das Abenteuer! Und das liegt bekanntlich oft vor der eigenen Haustür.

Schon kommt **Kalifornien** in Sicht und nach kurzer Zeit **Brasilien**. Da sage noch einer, unser Norden sei langweilig! Wir machen einen Fotostopp am Ortsschild, und dafür leiht uns der nette Besitzer der Surfschule zwei Hularöckchen. Was die mit Brasilien zu tun haben, bleibt zwar im Dunkeln, aber wir haben unseren Spaß! Überhaupt scheinen die Einwohner hier sehr kreativ zu sein. Schon allein, wie es zu den Ortsnamen gekommen ist: Angeblich hat ein Bewohner des Dorfes nach einem Sturm am Strand eine Schiffsplanke mit der Aufschrift „California“ gefunden und bei sich zu Hause aufgehängt. „Das kann ich auch“, soll ein Nachbar sich gesagt haben, suchte sich auch ein Stück Holz und schrieb darauf „Brasilien“. Seitdem liegen Kalifornien und Brasilien an der Ostsee. Offiziell gehören die beiden Strandabschnitte zu dem Ort Schönberg. Auf alle Fälle klingt es doch beeindruckend, wenn man abends zu Hause erzählen kann, man sei bis Kalifornien und Brasilien geradelt.

Auf diesem schönen Uferweg könnte man immer weiterfahren und ich bekomme Lust, irgendwann einmal den gesamten Ostseeküsten-Radweg zu erkunden. Aber heute wollen wir zum Ausgangspunkt Laboe zurück und biegen deshalb an der **Seebrücke Schönberger Strand** ab. Wir folgen den Fahrrad-Hinweisschildern Richtung Schönberg und der Radweg verläuft nun neben der Straße. Von jetzt bläst uns der Wind entgegen und wir treten kräftig in die Pedale. Doch wir nehmen’s gelassen, schließlich hatten wir bis jetzt so tollen Rückenwind und irgendwann dreht sich nun mal der Spieß. In **Schönberg** angekommen, werden wir gleich auf das **Probsteimuseum** aufmerksam. In einem schönen alten Fachwerkhaus erfährt der Besucher viel über die Region Probstei mit ihrer einstmals privilegierten Bauernschaft. Es waren freie Bauern, die hier lebten. Sie gehörten keinem Gutsherrn, sondern unterstanden lediglich dem Probst des Klosters Preetz. Daher der Name Probstei, der sich schon im 13. Jahrhundert für das Gebiet an der Kieler Außenförde durchgesetzt hat. Heute gehört das Amt Probstei zum Landkreis Plön.

In meiner ADFC-Fahrradkarte ist noch ein anderes Museum in Schönberg eingetragen: das **Kindheitsmuseum**. Da ich eine Vorliebe für etwas außergewöhnliche Museen habe, bin ich schon sehr gespannt, was es dort zu sehen gibt. „Am Elch geht’s rechts rein“, erklärt uns eine freundliche Schönbergerin. (Der Elch entpuppt sich als eine Bronzefigur.) Was ist ein Kindheitsmuseum?, fragen wir uns. Wird hier die Kindheit konserviert? Nach dem kurzweiligen und sehr interessanten Rundgang durch die kleine Ausstellung sind wir schlauer. Tatsächlich wird hier Kindheit dokumentiert: Geburt, Schule, Spiele, Bücher, Kleidung, Beziehung zu den Eltern. Jede Generation hat ihre eigene typische Kindheit, abhängig vom gesellschaftlichen und sozialen Umfeld. So haben meine Freundin Bini und ich ganz unterschiedliche Erinnerungen an unsere Kindheit, obwohl wir fast ein Jahrgang sind: Ich bin in der DDR aufgewachsen, sie in der BRD. Unsere Bücher, unsere Spiele, unsere Kleidung, unsere Lerninhalte, unsere Vorbilder und unsere Schulsysteme waren anders. Das merken wir beim Rundgang durch die Ausstellung, als ich mich freue, ein Buch meiner Kindheit zu entdecken, Bini damit aber gar nichts anfangen kann. Stattdessen lacht sie herzhaft, als sie Alf als Plüschfigur entdeckt. Trotzdem gibt es auch viele Gemeinsamkeiten, Eckpunkte, die jedes Kind erlebt, wie beispielsweise der Schulanfang oder die Konfirmation/Jugendweihe. Auch wird uns deutlich, dass wir beide, obwohl in zwei unterschiedlichen deutschen Staaten aufgewachsen, ganz viele gemeinsame Kindheitserlebnisse hatten: Straßenspiele, die schon unsere Eltern und Großeltern spielten. Lieder, Märchen und Bücher, die viel älter sind als gesellschaftliche Systeme. Noch unsere Mütter und Väter hatten in den 1930er-/1940er-Jahren eine sehr ähnliche Kindheit und erst recht unsere Großmütter und Großväter. Im Kindheitsmuseum ist das Leben von Kindern ab 1890, dem Beginn des industriellen Zeitalters und damit einer grundlegenden Änderung der Lebensverhältnisse (auch der der Kinder), bis heute dargestellt. Es gibt einen vollständig erhaltenen Klassenraum einer Dorfschule von 1900, unzählige Bücher, Spiele und Kleidungsstücke. Der Gang durch das Kindheitsmuseum macht uns Spaß und regt uns zum Nachdenken an. Schön, wenn es einem Museum gelingt, bei seinen Besuchern so viel zu bewirken. Wir sind froh, diesen kleinen Abstecher gemacht zu haben. Das Museum finanziert sich übrigens aus Spenden und den Eintrittsgeldern und ist eine ehrenamtliche Initiative und deshalb auch nur im Sommer an den Nachmittagen geöffnet.

Kindheit im Museum

Über die Kindheit plaudernd, radeln wir von Schönberg aus Richtung Probsteierhagen, immer auf dem Radweg neben der Straße bis **Passade**. In diesem hübschen Dorf direkt am Passader See liegt unsere nächste Station. Ich möchte mit Bini beim **Passader Backhaus** Kaffee trinken. Wie der Name schon sagt, wird hier gebacken, und zwar lecker und gesund: Biobrot, in Handarbeit hergestellt. Und das schmeckt man! Als wir uns gemütlich auf die Stüh-

Radweg durch die Dünen

Abkühlung am Ende der Tour

len unter der großen Kastanie setzen und uns Kaffee und Kirsch-Vanille-Schnitten schmecken lassen, haben die sechs Bäcker des Backhauses ihr Tagwerk längst hinter sich. Um ein Uhr in der Nacht beginnt ihre Schicht, wie ich noch von den *Landpartie*-Dreharbeiten her weiß, als ich mir zeigen ließ, wie das kräftige Passader Hausbrot entsteht. Das Besondere am Passader Backhaus ist neben den leckeren Brot-, Brötchen- und Kuchenspezialitäten, dass das Getreide vom eigenen Feld kommt und in der hofeigenen Mühle gemahlen wird. Gerhard Göttsch und seine Frau, Biobauern aus Leidenschaft, haben diesen Betrieb vor über 20 Jahren aufgebaut. Heute werden hier täglich etwa 1500 Brote und 2500 Brötchen gebacken und sind im Hofladen und auf vielen Märkten in der Region zu kaufen.

Vom Backhaus sollten Sie unbedingt noch den kleinen Abstecher zum **Passader See** hinunter machen. Es sind nur ein paar Meter und der Blick ist herrlich. Dann geht's zurück zur Hauptstraße, ungefähr 200 Meter nach links Richtung Probsteierhagen und dann nach rechts auf einen landwirtschaftlichen Weg Richtung Prasdorf. In **Prasdorf** machen wir einen kurzen Fotostopp an einem recht ungewöhnlichen Auto aus Stroh und erfahren, dass es sich um einen Beitrag zum diesjährigen Strohfigurenwettbewerb in der Probstei handelt. Vier Wochen im Sommer dreht sich bei den sogenannten „Korntagen" alles ums Getreide, dessen

Anbau hier wegen der guten Böden Tradition hat. In dieser Zeit gibt es überall Hofführungen und Feste, die sich alle um den Anbau und die Verarbeitung des Korns drehen. Das Passader Backhaus ist also in guter Gesellschaft. Der Strohfigurenwettbewerb ist besonders beliebt. Fast jedes Dorf in der Probstei baut mit viel Geschick und Kreativität eine sehr große, möglichst ausgefallene Strohfigur. Die beste wird prämiert.

An der Weggabelung kurz vor dem Ortsausgang in Prasdorf biegen wir in den Lutterbeker Weg und halten uns links Richtung **Lutterbek**. Und obwohl wir jetzt eigentlich schnurstracks zurück nach Laboe wollen, müssen wir doch noch einen kurzen Stopp einlegen. Es gibt dort nämlich eine Kleinkunstkneipe, wie man sie ganz selten noch findet: Der **Lutterbeker** ist Restaurant, Kunstgalerie und Bühne zugleich. Mehrmals in der Woche wird den Gästen ein Programm vom Feinsten geboten: Kabarett, Lesungen, Chanson oder Rock. Sowohl ganz große Namen als auch viele – mindestens ebenso interessante – noch nicht so bekannte Künstler treten gern im Lutterbeker auf. Die Gäste kommen aus der Umgebung, aber auch aus Kiel oder Hamburg, erzählt uns die freundliche Wirtin, die uns das Haus zeigt, obwohl eigentlich noch geschlossen ist. Wir sind begeistert von so einem inspirierenden und lebendigen Haus mitten auf dem platten Land. Wenn man mit offenen Augen durch die Landschaft fährt, entdeckt man mitunter solche versteckten Schätze. Über **Brodersdorf** erreichen wir nun ganz schnell **Laboe** und kommen nach 35 Kilometern entspannter und interessanter Fahrt wieder an unserem Parkplatz am Marine-Ehrenmal an.

Fazit:
Der Fahrradweg durch die (mir bis dahin fast unbekannte) Probstei mit direktem Blick auf die Kieler Förde und die Ostsee war spitze. Brasilien und Kalifornien sind eine Reise wert, und im Binnenland gibt es viel zu entdecken, vom Kindheitsmuseum über das Passader Backhaus bis zum Lutterbeker. Es war eine wunderschöne, abwechslungsreiche und mal wieder recht windige Tour.

INFOS

Besichtigungs-Tipp

★ Kindheitsmuseum
Knüllgasse 16
24217 Schönberg
www.kindheitsmuseum.de

Einkehr-Tipp

★ Passader Backhaus
Dörpstraat 11
24253 Passade
www.passader-backhaus.de

Heike-Tipp

★ Lutterbeker: Kneipe, Kunst, Musik, Theater
Dorfstraße 11
24235 Lutterbek
www.lutterbeker.de

Kalifornien
Brasilien
Marina Wendtorf
Stakendorfer Strand
Schönberger Strand
Marine-Ehrenmal
Wendtorf
Barsbek
Krokau
Laboe
Lutterbeker
Lutterbek
Schönberg
Kindheitsmuseum
Sommerhof
Stakendorf
Brodersdorf
Jägersberg
Prasdorf
Fiefbergen
Krummerbek
Höhendorf
Bendfeld
Heikendorf
Passader Backhus
Passade
Gödersdorf
Altheikendorf
Probsteier-hagen
Fahren
Passader See
Stollen Berg
Schönkirchen
Dietrichsdorf
Karten-Empfehlung
ADFC-Regionalkarte
Kieler Förde/Fehmarn/
Holsteinische Schweiz
1:75000

Raue Landschaft, ein blühendes Paradies und der Blick zu den Nachbarn

Unterwegs zum Nolde-Museum in Seebüll

Route (42 km):
- Klanxbüll
- Rodenäs
- Rosenkranz
- Rudböl
- Mögeltondern
- Tondern
- Aventoft
- Rosenkranz
- Seebüll
- Osterdeich
- Klanxbüll

Heute wollen wir ganz nach oben. Ganz nach oben auf der Landkarte: an die Grenze zwischen Schleswig-Holstein und Dänemark. Unser Ziel ist das Nolde-Museum in Seebüll. Ich bin mit meiner Kollegin und Freundin Anne unterwegs. Sie ist Künstlerin und liebt wie ich die flache nordfriesische Landschaft und die ausdrucksstarken Bilder von Emil Nolde, einem der bekanntesten Maler des Expressionismus.

Wir starten in **Klanxbüll**. Schon allein die Ortsnamen hier in Nordfriesland, von denen viele auf „büll“ enden, klingen für mich herrlich nordisch. Die Endung „-büll“ stammt aus dem Friesischen und bedeutet eigentlich nichts anderes als Wohnen oder Siedlung. In Nordfriesland kommt sie in ungefähr 150 Ortsnamen

Am Ruttebüller See

vor. Alles hat hier seinen ganz eigenen individuellen und unvergleichlichen Charakter und Charme. Die Landschaft ist flach wie ein Teller, darauf liegen weit verteilt einzelne stattliche Gehöfte, oft reetgedeckt und mit Fahnenmast am Eingang wie in Dänemark. Kühe grasen auf den saftigen Weiden und es riecht irgendwie nach Meer. Auch rau ist es hier oben, einsam, windig. Nirgendwo ist der Himmel weiter und sind die Wolken ausdrucksvoller. Die liebliche Landschaft der Flensburger Förde mit sanften Hügeln, Rapsfeldern und der in der Sonne blinzelnden Ostsee beginnt weiter östlich. Obwohl die beiden größeren Städte Husum und Flensburg nur knapp 50 Kilometer voneinander entfernt sind, liegen Welten dazwischen. Auf der einen Seite die Ostsee, auf der anderen die Nordsee. Die beiden unterschiedlichen Meere sind auch Synonyme für ganz unterschiedliche Lebenswelten. Hier an der Nordsee ist alles rauer, flacher, stürmischer. Das färbt auch auf die Menschen ab. Der Maler **Emil Nolde** und seine Frau Ada wollten genau hier leben. Nach längeren Aufenthalten in Berlin, in der Südsee und auf der heute dänischen Ostseeinsel Alsen kehrten die beiden in den 1920er-Jahren zurück in die nordfriesische Heimat. Hans Emil Hansen, wie er ursprünglich hieß, war in dem Dorf Nolde bei Tondern geboren und hatte sich später nach ihm benannt. Damals war die Gegend hier noch einsamer, noch schwerer zu erreichen und lag wirklich wie „am Ende der Welt“. Doch gerade so einen

Wir sind in Dänemark!

Platz suchte der Künstler Nolde. Hier, im Schatten der Nordsee, in dem kleinen Ort Seebüll, entstanden seine schönsten und tiefsten Bilder.

Wir wollen heute durch diese besondere Landschaft radeln und auch einen Abstecher nach Dänemark machen. Das Wetter ist fantastisch – blauer Himmel, vereinzelte weiße Haufenwolken und ein laues Lüftchen. Das passiert nicht so oft hier oben. Das Auto können wir bequem auf dem **Klanxbüll-Sylt-Parkplatz** lassen, der direkt links an der Landstraße liegt. Der Radweg führt uns neben der Straße Richtung **Oster-Klanxbüll**. Dann biegen wir rechts Richtung **Rodenäs** ab. Wir fahren nun direkt auf der wenig befahrenen Straße. An einer T-Kreuzung halten wir uns wieder rechts, und in Rodenäs selbst fahren wir links Richtung Rudböl.

Rudböl ist schon in Dänemark; in dem kleinen Ort **Rosenkranz** passieren wir die Grenze. Idyllisch sieht es hier aus. Es gibt einen wunderbar altmodischen Grenzkrug, eine kleine Straße an einem See, dem **Ruttebüller See**, und plötzlich ist alles dänisch beschriftet. Grenzposten gibt es hier schon lange nicht mehr, und wäre nicht die andere Sprache und das offizielle EU-Grenzschild, würde man gar nicht merken, dass man sich nun in einem anderen Land befindet. Die Grenze verläuft teilweise mitten auf der Straße, erfahren wir, sodass einander gegenüberstehende Häuser in verschiedenen Staaten stehen können. Nordfriesland und die Region Süddänemark gehen fast unmerklich ineinander über. Allerdings merkt man spätestens, wenn man sich etwas kaufen möchte, dass man im Ausland ist: In Dänemark gibt es keinen Euro, sondern nach wie vor die dänische Krone.

Wir haben wie immer etwas fürs Picknick dabei, und wir finden, hier an diesem kleinen Grenzsee ist der beste Platz dafür. Genaugenommen ist der See nur eine Verbreiterung des Flüsschens Wiedau. Im Sommer des Jahres 1909 hatte Emil Nolde hier im Haus an der Schleuse mit Blick auf den Ruttebüller See zwei Zimmer gemietet. Sehr viele Tuschpinselzeich-nungen sind hier entstanden. Nolde war begeistert von dem kleinen See, und er fand hier unendlich viele Motive, wie wir später im Nolde-Museum sehen.

Malerische Dorfstraße in Mögeltondern

Unser nächstes Ziel ist **Mögeltondern** (dänisch: Møgeltønder). Der Fahrradweg ist gut ausgeschildert, es ist die „Grenseroute Nr. 8". In Mögeltondern möchte ich Anne eine der schönsten und romantischsten Dorfstraßen Dänemarks zeigen. Eine weitere Sehenswürdigkeit außer der hübschen historischen Straße ist das **Schloss Schackenborg**, in dem Prinz Joachim von Dänemark mit seiner Familie wohnt. Er ist der jüngere Sohn von Königin Margrethe, der Bruder des dänischen Kronprinzen Frederik. Leider habe ich bei meinem Besuch hier mit der *Landpartie* den Prinzen nicht persönlich kennenlernen dürfen, aber ein Hauch von Krone und Adel weht auch durch den Schlossgarten, wenn die königliche Familie nicht da ist. Mangels eines eigenen Königshauses gucken wir Deutschen ja immer wieder gern (am liebsten in den ausliegenden Zeitschriften beim Friseur) auf den Adel in anderen europäischen Ländern. Auch heute weht die Fahne nicht auf dem Schloss, also ist niemand von „Königs" zu Hause. Schade! Die historische Dorfstraße von Mögeltondern hat übrigens auch unmittelbar mit Schloss Schackenborg zu tun: Einer der früheren Besitzer des Schlosses ordnete an, dass eine gepflasterte Hauptstraße mit einer Lindenallee angelegt werden sollte, damit er trockenen Fußes vom Schloss zur Kirche gehen und dabei das Gefühl haben konnte, in einer Stadt zu sein. Die schmucken Häuser im Friesenstil lassen von vorn nicht erahnen, dass dahinter Ställe und Felder liegen. Heute lebt der Ort aufgrund seiner historischen Schönheit und wegen des Schlosses hauptsächlich vom Tourismus.

Nun geht es auf einem wunderbaren Weg neben der Straße bis **Tondern** (dänisch: Tønder). Wir halten uns zunächst immer Richtung Zentrum, fahren dann aber auf einer Ringstraße um das Zentrum herum. Tondern ist eine recht hübsche Kleinstadt mit knapp 8000 Einwohnern, und spätestens hier merkt man, dass man in Dänemark ist: die Sprache, die Auslagen in den Geschäften, die alle in dänischen Kronen ausgezeichnet sind. Wir genießen es, uns weit weg von zu Hause zu fühlen, obwohl doch die Grenze nach Deutschland keine sieben Kilometer entfernt ist. Schöner ist es wahrscheinlich, direkt durch das Zentrum zu fahren, aber wir folgen auch in Tondern (wie auf der gesamten

Strecke in Dänemark) dem ausgeschilderten Radweg Nr. 8, der „Grenseroute“. Im Zickzackkurs geht es aus der Stadt hinaus, an einem Bahndamm entlang, an der Landstraße dann nach rechts. Später folgen wir dem Hinweisschild „Möllehus“. Wir fahren auf geteerten Feldwegen und kleinen Straßen bis zum Grenzübergang **Aventoft**. Auch hier ist kaum wahrnehmbar, dass wir wieder über eine Staatsgrenze gefahren sind, zumal es in Aventoft etliche dänische Supermärkte gibt. Das Leben in Grenzregionen bringt es immer mit sich, dass sich die Bewohner auf der jeweils anderen Seite die „Rosinen rauspicken“. Die hauptsächlich dänische Kundschaft in den vielen Aventofter Läden und Supermärkten lässt darauf schließen, dass der Lebensmittel- und Spirituoseneinkauf auf deutscher Seite preisgünstiger ist.

Foto: Ingo Wandmacher

Wie ein Gemälde

Wir wollen nun aber endlich zum Nolde-Museum in Seebüll. Dazu fahren wir auf dem Radweg neben der Straße Richtung **Rosenkranz**. Bitte bleiben Sie auf diesem Weg bis zur T-Kreuzung in Rosenkranz und folgen Sie nicht schon vorher dem Schild „Nolde-Museum/Niebüll“, denn das ist der Hinweis für Autofahrer. Der viel hübschere und ruhigere Fahrradweg führt sozusagen „von hinten“ durch die Wiesen zum **Nolde-Museum**. An der T-Kreuzung in Rosenkranz biegen Sie nach links ab und nach circa 50 Metern geht es gleich wieder links Richtung **Seebüll** in den kleinen Noldeweg. Zunächst ist er noch geteert, wird aber nach kurzer Zeit ein gut befahrbarer Wiesenweg. Von allen Wegen, die zum Museum führen, ist dieser für mich die schönste Annäherung an Nolde. Auf einer kleinen hübschen Brücke halten wir noch einmal an und sehen jetzt schon das ehemalige Wohnhaus des Malers vor uns.

1927 begannen auf einer Warft in Seebüll die Bauarbeiten für dieses Haus. Nolde entschied sich gegen ein übliches Friesenhaus und ließ sich vom Bauhausstil inspirieren. Bis zu seinem Tod lebte und arbeitete er hier, malte unzählige Bilder, die ihn auf der ganzen Welt berühmt machten. Das Naziregime zeigte sich davon wenig beeindruckt, sondern stufte ihn 1937 als sogenannten „entarteten Künstler“ ein und verhängte 1941 sogar ein Malverbot. In seinem wunderbaren Roman *Die Deutschstunde* erzählt Siegfried Lenz fiktiv diese unglaubliche Geschichte. Nolde malte heimlich weiter und es entstanden die kraftvollen „ungemalten Bilder“. Das sind über 1300 kleinformatige Aquarelle, die heute neben den vielen anderen Bildern im Museum zu sehen sind. Nach dem Krieg erhielt Nolde zahlreiche Ehrungen; er starb 1956 in Seebüll. In seinem Testament verfügte er, dass sein Wohnhaus und all seine Werke in eine Stiftung übergehen und der Öffentlichkeit zugänglich gemacht werden sollen. Seit 1957 wird nun jedes Jahr eine andere Auswahl seiner zahlreichen Werke aus allen Schaffensperioden gezeigt. Zusätzlich widmet sich die Stiftung der Forschung, es gibt ein Forum mit Vortragssaal, Malschule und vor allem den zauberhaften Garten rund um das Haus. Emil und Ada Nolde legten ihn persönlich an, und er ist bis heute ein kleines Paradies. Anne und ich sind begeistert von den vielen üppig blühenden Blumen, den satten Farben und dem Kontrast zu den klaren strengen Linien des Wohnhauses und der kargen grünen Landschaft rings um die Warft. Viele seiner Blumenbilder sind aus diesem Garten heraus entstanden. Wer durch diesen Garten spaziert, bekommt eine Ahnung davon, welch eine Quelle die Natur für den Künstler Emil Nolde war. Wunderbar finde ich auch, dass die Nolde-Stiftung die Landschaft rings um Seebüll so ursprünglich wie möglich bewahren will. Auf über 100 Hektar wird Biolandwirtschaft betrieben. Rinder grasen friedlich direkt neben dem neu erbauten Forum, einem Gebäude mit einer riesigen Glasfront, das so auch in Berlin oder New York stehen könnte. Von innen öffnet es den Blick auf die weite Landschaft Nordfrieslands und von außen ermutigt es zu einem vorbehaltlosen Blick auf die Kunst.

Beglückt und inspiriert radeln wir zurück zu unserem Ausgangspunkt in Klanxbüll. Dazu nehmen wir wieder den schönen Noldeweg durch die Wiesen und fahren an der Straße nach links Richtung **Klanxbüll**. Nach etwa 42 Kilometern erreichen wir schließlich unseren Parkplatz.

Fazit: Auf dieser wunderbaren Tour haben wir den weiten Himmel und die flache Landschaft Nordfrieslands erlebt, wir waren Grenzgänger beziehungsweise -radler, und vor allem haben wir etwas mehr über die Lebenswelt des großen expressionistischen Malers Emil Nolde erfahren. Ein Ausflug, der sich zu jeder Jahreszeit lohnt. Nicht nur für Kunstliebhaber.

INFOS

Besichtigungs-Tipp

★ Nolde-Stiftung Seebüll
25927 Neukirchen
www.nolde-stiftung.de

Einkehr-Tipp

★ Restaurant Seebüll
(im Nolde-Museum)

Heike-Tipp

★ Die historische Dorfstraße
in Mögeltondern

Karten-Empfehlung
ADFC-Regionalkarte
Schleswig-Holsteinische
Nordseeküste mit Insel
1:75000
Dänemark
Toghale
Gallehus
Bønderby
Stokkebro
Schackenborg
Søgard
Hojer Kog
Møgeltønder
Historische Dorfstraße
Tønder
Sønderby
Slotfelt
Sønder-Villegard
Kogen
Nørregard
Kærgard
Børremølle
Sødam
Gammel
Frederikskog
Møgeltonde Kog
Supskog
Ved Gaden
Sødamgard
Engholm
Brodersmark
Rudbøl Kog
Grippenfelt
Ubjerg
Norrevœrre
Vestor Anflod
Bjergemark
Teglmark
Rudbøl
Vesterfelt
Aventoft
Hungerburg
Foggebüll
Neufeld
Rodenäs
Oldorf
Rosenkranz
Brunottenkoog
Neumark
Kixbüll
Neudorf
Kixbüllhof
Nord-
oster-
deich
Nolde-Stiftung Seebüll
Restaurant Seebüll
Großhallig
Burg
Paysmark
Beim Siel
Hörn
Fegetasch
Osterdeich
Humptrup
Hochhorn
Neukirchen
Norder-
hesbüll
Süder-
hesbüll
Wiedingharde

Still ruht der See …

Rund um den Schaalsee

Route (49 km):
- Zarrentin
- Schaliß
- Lassahn
- Kneese
- Dutzow
- Dargow
- Seedorf
- Groß Zecher
- Zarrentin

Der Schaalsee ist ein ganz besonderer See: ruhig, sehr tief und sehr still. Verwunschen wäre vielleicht das richtige Wort. Ein wahres Kleinod. Hamburg, Lübeck und Schwerin liegen quasi vor der Haustür, und doch ist die Region um den wunderschönen Schaalsee noch immer relativ unentdeckt. Das mag unter anderem daran liegen, dass der See bis zur Wende Grenz- und damit von DDR-Seite aus auch Sperrgebiet war. Heute ist er als Mittelpunkt des UNESCO-Biosphärenreservats Schaalsee streng geschützt. Selbst eine Badestelle findet man nur mit Mühe. Dafür strahlt dieser stille See – vielleicht bedingt durch seine Tiefe von 71,5 Metern – eine unglaubliche Ruhe aus. Schaut man über das Wasser, scheint die Zeit stillzustehen und man fühlt sich irgendwie wie im 18. Jahrhundert. So etwas findet man nur noch selten in Deutschland.

Einsamer Weg

Wir wollen heute den See mit dem Fahrrad umrunden und entscheiden uns, gegen den Uhrzeigersinn zu fahren, also das Wasser immer auf der linken Seite zu haben. Unser Startpunkt ist in **Zarrentin**, dem größten Ort am Schaalsee und von der A 24 gut zu erreichen. Den Wagen stellen wir kostenlos auf einem großen Parkplatz am **Kloster Zarrentin** ab. Hinter seinen Mauern lebten ab dem Jahr 1246 Zisterzienserinnen: Töchter aus adligen und wohlhabenden Mecklenburger und Lübecker Familien, die in diesem sogenannten Jungfrauenkloster Nonnen wurden. Nach rund 300 Jahren, zur Zeit der Reformation 1552, wurde das Kloster aufgelöst. Trotz der unterschiedlichsten Nutzungen seit jener Zeit sind einige Gebäude und die Kirche erhalten geblieben. In den letzten Jahren ist das Kloster umfangreich saniert worden und beherbergt heute eine Dauerausstellung, neben der zahlreiche Konzerte und Veranstaltungen stattfinden. Die Akustik im Saal soll hervorragend sein. Davon können wir uns heute allerdings nicht persönlich überzeugen, denn vor uns liegen fast 50 Kilometer Fahrradstrecke.

Auf geht's! Wir radeln immer am See entlang, kommen an der **Zarrentiner Badestelle** vorbei, dann geht es entlang eines bewaldeten Uferwegs. Kurz darauf weist ein Schild Richtung **Schaliß**. Wir machen diesen kleinen Abstecher und werden mit einem traumhaften Blick auf den See und das Kloster belohnt. Man könnte ewig hier bleiben, so beruhigend ist diese Aussicht,

Der Schaalsee von oben gesehen

so entspannend sind die Geräusche des leise plätschernden Wassers. Irgendwann fahren wir den kleinen Weg zurück Richtung Bantin und erreichen die Landstraße. Hier halten wir uns links. Der Fahrradweg neben der Landstraße ist gut befahrbar. Wer einen weiteren kleinen Abstecher machen möchte, fährt in Lassahn zur **Stintenburg**. Eine Kopfsteinpflasterstraße führt auf die kleine Halbinsel, wo es im Brückenhaus ein Restaurant gibt, in dem Fisch aus dem Schaalsee serviert wird. Die Stintenburg selbst ist ein Schloss, das in Privatbesitz und damit nicht zu besichtigen ist.

Unser Fahrradweg führt weiter über Lassahn und **Bernstorf** bis nach **Kneese**. Vom Schaalsee sieht man hier nichts, wir sind jetzt zu weit entfernt. Außerdem ist er an dieser Seite durch einen breiten Schilfgürtel geschützt. Kneese selbst ist ein schönes Straßendorf mit einem Café und einem Obsthof mit Mosterei. Hier kann man seine Äpfel zum Entsaften abliefern oder direkt sortenreine Apfelsäfte von Streuobstwiesen aus dem Biosphärenreservat Schaalsee kaufen. Schon bei den Namen der seltenen alten Sorten, die hier wachsen, bekommt man Appetit: Sie heißen Altländer Pfannkuchen, Finkenwerder Herbstprinz oder Berner Rosenapfel. Am Ortsausgang von Kneese fahren wir nun scharf links auf einen landwirtschaftlichen Wiesen- und Waldweg. Dieser Weg ist mit Radwegschildern gekennzeichnet; es geht zu einem **Aussichtsturm**. Der Turm ist dann kleiner als gedacht, trotzdem hat man eine gute Sicht auf das weite Land und den dahinterliegenden See. Das gesamte Gebiet hier gehört zum Biosphärengebiet Schaalsee, das im Jahr 2000 von der UNESCO unter Schutz gestellt wurde. Das bedeutet, dass einerseits die Vielfalt der Arten und Lebensräume im und am Schaalsee erhalten werden soll und andererseits Arbeitsplätze und Einkommen für die hier lebenden Menschen geschaffen werden. Die Regionalmarke „Biosphärenreservat Schaalsee – Für Leib und Seele" weist auf regional und umweltgerecht erzeugte Produkte und Dienstleistungen hin. Hier an diesem Aussichtsturm und besonders auch im Pahlhuus in Zarrentin, dem Informationszentrum des Biosphärenreservats, erfährt man viel Wissenswertes über die Tiere und Pflanzen und über die Menschen, die hier zu Hause sind.

Wer jetzt Lust auf einen kleinen Abstecher, fährt auf der Dorfstr. Richtung Roggendorf bis zur Domäne Kneese. Das ist ein Archehof, auf dem 30 Menschen mit Behinderung in der ökologischen Landwirtschaft, im Garten und in der Landschaftspflege arbeiten. Es gibt einen Hofladen und regelmäßige Veranstaltungen. Die Domäne Kneese ist Teil des Lebenshilfewerks Mölln-Hagenow, dass Menschen mit Behinderung in allen Lebensphasen von der Kindheit bis ins Alter begleitet. Respekt und Achtung vor dem „anders-sein" spürt man sofort, wenn man als Gast auf der Domäne ist. Es ist ein sehr lebenswerter Ort und ich finde es schön, dass es sehr engagierte Mitarbeiter und Unterstützer gibt, die ihn über Jahre mit Leben erfüllen. Ein wunderbares und sehr liebenswertes Projekt.

Das verantwortliche Stall-Team der Domäne

Vom Aussichtsturm fahren wir wieder zurück zur Landstraße und erreichen **Dutzow**. Hier gibt es einen kleinen schönen Strand mit Badestelle. Dann fährt man über eine Brücke und ist wieder in Schleswig-Holstein. Das Ostufer des Schaalsees gehört nämlich zu Mecklenburg-Vorpommern und war bis 1989 die Staatsgrenze zwischen DDR und BRD. Die Einwohner der DDR haben natürlich nie etwas vom See gesehen. Weit vorher war das Gebiet abgesperrt und nur für Einwohner mit Passierschein zu befahren. Oma Jahns in Techin hat mir einmal erzählt, dass sie den Schaalsee das erste Mal so richtig nach dem Fall der Mauer gesehen hat. Und das, obwohl sie quasi direkt am Ufer gewohnt hat. Ich (aus Mecklenburg-Vorpommern stammend) finde es immer wieder besonders, dass ich nun so ganz selbstverständlich von Ost nach West und umgekehrt fahren kann. Jedes Mal an ehemaligen Grenzübergängen an der Autobahn oder in Berlin oder auch heute hier am Schaalsee denke ich daran, dass es hier einmal eine für uns unpassierbare Grenze gab und wie froh ich doch bin, jetzt einfach so reisen zu können.

Der schöne Radweg führt uns nun über **Kittlitz** nach **Niendorf**. Kurz danach biegen wir scharf rechts in einen Waldweg nach **Dargow**. Durch die Wiesen und Felder geht es direkt zum **Schaalseehof** in Dargow. Dort wollen wir unsere Picknickpause machen, denn mehr als die Hälfte der Schaalsee-Rundtour haben wir schon

Gutshaus Groß Zecher

geschafft. Im Schaalseehof gibt es zwar sehr leckeren hausgemachten Kuchen, aber wir haben wie immer reichlich Proviant mitgebracht. Deshalb setzen wir uns etwas abseits mit einem erhöhten Blick auf den See und genießen die mitgebrachten Stullen und Salate. Auch hier auf dem Schaalseehof gibt es einen Aussichtsturm mit Blick auf den Schaalsee und wir klettern die wenigen Stufen hinauf. Auf der einen Seite liegt vor uns der ruhige See und auf der anderen das fröhliche Treiben auf dem Schaalseehof. Gerade werden die Gästekinder mit großem Gejohle auf einem fliegenden Teppich hinter einem Traktor hergezogen. Die Kinder finden das toll, und ich finde es wunderbar, dass der Bauer mit solch einfachen Spielen die Kinder erfreut. Ich weiß, dass es hier auch eine Heuherberge gibt, die bei Kindern (und Erwachsenen) großen Anklang findet. Wenn man eine mehrtägige Radwanderung macht, ist so eine Übernachtung im Heu bestimmt herrlich.

Wir nehmen Kurs auf **Seedorf**. Der Fahrradweg heißt hier bezeichnenderweise **Schaalseeweg**. Wir fahren immer geradeaus und bleiben auf dem Weg direkt am See, auch wenn er irgendwann als Wanderweg markiert ist. Hier kann man endlich mal direkt am Ufer entlangfahren. Bänke laden zur Rast und kleine Badestellen zu einem Bad. Zuerst sind wir etwas irritiert, weil der See plötzlich rechter Hand liegt. Aber ein Blick auf die Karte klärt uns auf: Das hier ist der viel kleinere Küchensee. Der große Schaalsee ist auch weiterhin auf der linken Seite. Solche **Küchenseen** gibt es übrigens des Öfteren, zum Beispiel auch bei Ratzeburg, und sie sollen darauf hinweisen, dass früher dort der Fisch für die Küche (meist eines Schlosses oder Gutshauses) gefangen wurde.

Wir erreichen **Seedorf**, fahren an der Hauptstraße nach links, und am See geht es wieder nach links auf den Wanderweg Richtung Groß Zecher. In dem winzigen Ort mit dem originellen Namen **Zuckerhut** ist der Wanderweg zu Ende und man muss direkt auf der Straße fahren. Aber bis nach **Groß Zecher** ist es nicht weit. Mein Tipp: Kehren Sie in der **Kutscherscheune** ein, die zum Gutshaus gehört. Sie liegt direkt am See – auch wieder ein Küchensee – und es gibt leckere Torten. Wir können nicht widerstehen und genießen die entspannte Atmosphäre hier. Nun ist es nur noch ein Katzensprung bis

Still ruht der (Schaal)see

zu unserem Ausgangspunkt in Zarrentin. Zwar müssen wir auch jetzt wieder direkt auf der Straße radeln, aber es geht flott voran und schon bald ist das **Kloster Zarrentin** in Sicht. Wir sind stolz, die 49 Kilometer rund um den Schaalsee so locker geschafft zu haben.

Fazit: Es war eine herrliche und abwechslungsreiche Tour. Wir waren heute in zwei Bundesländern, haben einiges über die besondere Geschichte und Natur am Schaalsee gelernt, haben Menschen mit originellen Ideen besucht und den traumhaften See umrundet. Eine Tour, die bestimmt auch im Herbst oder Frühjahr ihren ganz besonderen Reiz hat.

INFOS

Besichtigungs-Tipp

★ Kloster Zarrentin
19246 Zarrentin
www.kloster-zarrentin.de

Einkehr-Tipps

★ Kutscherscheune
Lindenallee 15
23883 Groß Zecher
www.kutscherscheune.de

★ Schaalseehof
Café und Heuherberge
Alte Dorfstraße 1
23883 Dargow
www.schaalseehof.de

Heike-Tipp
★ Domäne Kneese

…rten-Empfehlung
ADFC-Regionalkarte
Lübeck u. Umgebung
1:75000
Roggendorf
Marienthal
Domäne
Kneese
Mustin
Dutzow
Rosenhagen
Lüneburger
Berg
Kittlitz
Vogtstemmen
Butz
Sandfeld
Aussichtsturm
Kneese
…alem
Niendorf
Eichhorst
Tannenkate
Dargow
Schaalseehof
Fährkate
…geler-
…ihle
Sterleyer-
heide
Bernstorf
Bresahn
Hakendorf
Küchensee
Schaalsee
Seedorf
Gut
Zuckerhut
Stichstocken
berg
Lassahn
Kutscher-
scheune
Groß Zecher
Kampen
Stintenburg
Windmühlenberg
Stinten-
burger
Mühle
Hakendorf
Klein Zecher
Marienstedt
Küsterberg
Schaliß
Boissow
Kloster
Zarrentin
Testorf
Neu Zarrentin
Bantin

Stadt, Land, Fluss … und eine Queen

Foto: Ingo Wandmacher

Immer an der Elbe „längs"

Route (48 km):

- Wedel
- Haseldorfer Marsch
- Pinnau-Sperrwerk
- Abstecher nach Seestermühe
- Neuendeich
- Haselau
- Haseldorf
- Haseldorf Hafen
- Wedel

Manchmal denkt man als Hamburger (oder auch als Zugezogene wie ich), dass die Elbe zu uns gehört, sozusagen ein Ur-Hamburger Fluss ist. Die Elbe – das ist für uns der Hafen, die Werften, die Schiffe, die Speicherstadt, die Strände in Övelgönne, die Kapitänshäuser in Blankenese. Die Elbe – das ist Hamburg! Sie bringt die Welt nach Hamburg, sie ist unsere Verbindung zum Meer. Dass dieser Fluss in Hamburg schon rund 900 Kilometer hinter sich und bis zur Nordsee auch noch einige vor sich hat und genauso in Dresden, Lutherstadt Wittenberg oder in Glückstadt zu Hause ist, vergessen wir Hamburger (oder Zugezogene wie ich) dabei gern. Die Elbe gehört eben uns und eine Radtour entlang der Elbe gehört einfach in dieses Buch!

Nordsee-Feeling gleich hinter Hamburg

Schiffe gucken am Schulauer Fährhaus

Der Fotograf Ingo Wandmacher und ich starten unsere Tour am **Schulauer Fährhaus** in Wedel. **Wedel** gehört nicht mehr zu Hamburg, sondern zu Schleswig-Holstein, liegt aber nur knapp hinter dem westlichen Stadtrand und ist noch mit der S-Bahn zu erreichen. Und an unserem heutigen Ausgangspunkt, dem Schulauer Fährhaus mit seiner Schiffsbegrüßungsanlage **Willkomm Höft**, ist man wieder mittendrin in Hamburg und seinen maritimen Traditionen. Seit 1952 wird hier an der Stadtgrenze jedes auf der Elbe vorbeifahrende Schiff begrüßt oder verabschiedet – mit Flagge und Nationalhymne! Ich erinnere mich sehr gern daran, wie mir der Begrüßungskapitän die Prozedur einmal erklärt hat: Vom Hamburger Schiffsmeldedienst bekommt er laufend Meldungen über die Schiffsbewegungen auf der Elbe. Da sich aber die Reihenfolge der Schiffe schon bis Wedel geändert haben kann, arbeitet er zusätzlich auf Sicht, das heißt, er nimmt sein Fernglas zu Hilfe, um den Namen des nahenden Schiffes zu erkennen. Nun gilt es, die richtige der 150 Nationalhymnen zu wählen und dazu den Begrüßungs- beziehungsweise Verabschiedungstext in der entsprechenden Sprache. Heute ist das alles auf einer Festplatte im Computer gespeichert, aber bei meinem Besuch damals hantierte der Begrüßungskapitän noch selbstbewusst und routiniert mit fast 200 Kassetten (die auch heute noch zur Sicherheit dort aufbewahrt werden). Aus riesigen Lautsprechern vorn auf der Brücke scheppert den Schiffen nun ein

„Welcome to Hamburg", gefolgt von der jeweiligen Nationalhymne, entgegen. Zusätzlich wird die Flagge „gedippt", also kurz etwas nach unten gezogen. Das Schiff soll darauf mit dem Dippen seiner Flagge antworten. Bei auslaufenden Schiffen heißt es „Gute Reise"! Manch ein Besucher des Schulauer Fährhauses bekommt dabei feuchte Augen und schaut den Schiffen voller Sehnsucht hinterher. Anders wird das freundliche Ritual wohl oft an Bord der riesigen Schiffe wahrgenommen. Das habe ich jedenfalls so erlebt, als ich bei einer *Landpartie* entlang der Elbe die Einfahrt in den Hamburger Hafen an Bord eines isländischen Containerschiffes erleben durfte. Weder der Kapitän hoch oben auf seiner verglasten Brücke voller Technik noch die Mannschaft irgendwo im Bauch des Schiffes haben damals bemerkt, dass sie so nett und staatsmännisch am Schulauer Fährhaus willkommen geheißen wurden. Ich war die Einzige an Bord, die an der Reling stand und wie verrückt zum Schulauer Fährhaus gewunken hat. Ob mich jemand gesehen hat ...?

Wir gucken uns das Treiben eine Weile an und schwingen uns dann doch endlich auf unsere Räder. Zuerst geht es die **Deichstraße** entlang, immer den Fahrradschildern nach. Schnell haben wir Wedel hinter uns gelassen, und sofort bekomme ich dieses Nordseegefühl: Deich, Schafe, weites Land, weiter Himmel und die Elbe immer in Sichtweite. Schon nach etwa vier Kilometern machen wir heute unsere erste Pause im Café und Restaurant **Fährmannssand**. Es ist eine Alternative zum oft sehr belebten Café im Schulauer Fährhaus. Auf der schönen Terrasse direkt am Deich sitzen wir gemütlich in der Sonne und lassen uns die Spiegeleier auf Brot schmecken. (Wir brauchen erst mal etwas Deftiges heute.) Die Zeit hier draußen vor den Toren der Millionenstadt scheint langsamer zu gehen, da kommt schnell Urlaubsstimmung auf: Es ist Wochenende und wir haben Zeit!

Gut gestärkt geht es weiter durch die herrliche **Haseldorfer Marsch**: viele Schafe, der Deich, Gänse, weite Elbwiesen und mit Glück ein paar „Riesenpötte" auf der Elbe. Eine herrliche Ruhe ist das hier! Wir fühlen uns wohl, selbst als die Elbe mal für kurze Zeit nicht mehr zu sehen ist und am anderen Ufer riesige Industrieanlagen und das AKW Stade auftauchen. Der Weg ist einfach schön: Manchmal fährt man mitten durch die Schafherden hindurch, die durch nichts aus der Ruhe zu bringen sind. Einziger Nachteil: Die süßen Viecher hinterlassen auch so einiges und es ist unmöglich, den vielen Schafsködeln ständig auszuweichen. Am Abend merken wir, dass unsere Fahrradreifen doch etwas streng riechen ... Macht nichts. Das trocknet und fährt sich wieder ab.

Es geht an **Haseldorf** vorbei. Rechts sieht man jetzt Obstplantagen, niedrige Apfelbäume in Reih und Glied. Das Alte Land, Norddeutschlands berühmtes Obstanbaugebiet, ist schließlich genau gegenüber. Warum sollen nicht auch hier auf der anderen Elbseite die Äpfel gut schmecken? Ich habe mich sowieso im-

Pause gefällig?

mer gefragt, warum ausgerechnet an der Elbe die Äpfel und Kirschen so gut gedeihen. Die Antwort hat mir mal wieder die *Landpartie* gegeben: Es liegt am Zusammenspiel des milden Seeklimas mit dem guten Marschboden. Und natürlich an der jahrhundertelangen Erfahrung der Obstbauern mit Äpfeln, Kirschen und Birnen. Immer wieder finden wir Hinweisschilder auf Cafés und Obsthöfe.

Auch wenn die Verlockung groß ist – wir wollen erst mal „Strecke machen" und unsere Spiegeleier abstrampeln. Jetzt kann man direkt oben auf dem Deich fahren, und an manchen Stellen hat man einen umwerfenden Blick in die Landschaft. Ich finde, es sieht teilweise aus wie zu früheren Zeiten: Die hier schon sehr breite Elbe fließt ruhig dahin, statt Containerschiffen sind gerade nur Segelboote in Sicht, keine Hochspannungsmasten oder Industrieanlagen unterbrechen die wunderschöne norddeutsche Elblandschaft. Unsere Elbe eben! Herrlich!

Irgendwann teilt sich die Strecke Richtung Neuendeich oder Richtung **Pinnau-Sperrwerk**. Wir fahren weiter zum Sperrwerk und erst danach rechts Richtung Neuendeich. Aber Achtung! Dieses Sperrwerk ist nicht immer befahrbar, sondern hat spezielle Öffnungszeiten. Wir haben heute Glück und können durchradeln. Es kann aber auch sein, dass die gewaltigen Tore geöffnet sind, um Schiffe durchzulassen. Dann muss man als Radfahrer warten. Dieses Sperrwerk, das 1969 an der Mündung der Pinnau in die Elbe gebaut wurde, soll das Elbhinterland bei Sturmflut schützen. Die Haseldorfer Marsch ist bei Elbhochwasser und Sturmfluten stark gefährdet. Bei den Sturmfluten 1961 und 1976 brachen Deiche und die gesamte Marsch stand unter Wasser. Am Haseldorfer Hafen steht ein großer Pfahl, an dem die Hochwasserstände abzulesen sind. Wenn man an einem sonnigen Tag wie heute hier steht, kann man sich so etwas kaum vorstellen.

Hinter dem Sperrwerk verlassen wir die Elbe und fahren jetzt durch die saftig grüne, stille Marschlandschaft. An friedlich grasenden Kühen vorbei radeln wir an diesem herrlichen Sommertag mühelos durch diese uns bis dahin unbekannte Gegend. Wir sind beide mal wieder begeistert, wie schön unsere Heimat doch ist. Als wir ein Hinweisschild zu einem **Melkhus** sehen, sind wir uns einig, dass es Zeit ist für eine nächste kleine Pause. Diesen Abstecher nach **Seestermühe** haben wir nicht bereut. Das Melkhus ist ein gemütliches Holzhaus, davor stehen unter Bäumen verteilt ein paar Tische und Stühle. Wir kommen schnell mit der Bäuerin Gudrun von Drathen ins Gespräch und erfahren, dass sie ihr Melkhus noch gar nicht so lange betreibt. Die Hauptarbeit auf dem Hof seien die circa 100 Kühe, die sie und ihr Mann täglich melken. An ihrer Nebenbeschäftigung Melkhus reizt sie vor allem der Kontakt zu den Menschen, die hier gerne Rast machen – meist Ausflügler, Radfahrer wie wir. Als Ingo Wandmacher und ich uns den selbst gebackenen Kuchen mit Kaffee schmecken lassen, kommen drei jugendliche Mädchen aus dem Dorf auf den Hof. Auch sie wissen das neue Melkhus zu schätzen, denn hier gibt es Eis zu kaufen. Die drei sympathischen Mädchen erkennen mich kichernd, und wir machen zusammen ein Foto. Die Bäuerin spendiert uns dafür einen leckeren Milchshake. Super!

„Queen in Sicht!"

Nach dieser netten Pause radeln wir zurück zum Hauptweg, und ein Radweg neben der Straße führt uns bis **Neuendeich**. Kurz vor der **Drehbrücke** über die Pinnau liegt rechter Hand das bekannte Restaurant **Aalkate**. Wie der Name schon sagt, kann man hier, direkt am Ufer der Pinnau, sehr gut Fisch essen. Als wir über die Brücke fahren, spricht uns ein älterer Mann an und erzählt, dass er als kleiner Junge während des Krieges hier immer dem Brückenwärter geholfen habe, die Brücke per Hand zu drehen, denn damals habe es nicht genug Strom gegeben. Interessant, was man manchmal so nebenbei erfährt. Wenn ein Schiff kommt, wird diese Drehbrücke, wie der Name schon sagt, einfach zur Seite gedreht. Sie ist die älteste noch funktionstüchtige Drehbrücke Deutschlands – erbaut 1887 – und steht unter Denkmalschutz.

Auf dem Radweg neben der Landstraße fahren wir über **Haselau** nach **Haseldorf**. Dort geht es Richtung **Elbmarschenhaus**, wo man sich über die Natur und Besiedlung an der Elbe informieren kann. Danach halten wir uns Richtung **Haseldorf Hafen** und erreichen so wieder unseren **Deichweg** entlang der Elbe. Eigentlich wollen wir nun zügig auf dem schon bekannten Weg zurück nach **Wedel**, als Ingo die vielen Menschen auffallen, die überall auf dem Deich stehen, sitzen, spazieren und anscheinend auf etwas warten. Worauf, das erfahren wir gleich: auf die „Queen Mary 2"! So ein Glück, dass wir das heute noch erleben, denken wir und reihen uns ein in die Schar der Traumschiffgucker. Wann genau die Queen kommt, weiß allerdings keiner. Aber an so einem schönen Sommerabend wartet man doch gern. Viele haben den lauen Abend und das Ereignis zu einem kleinen Ausflug an die Elbe genutzt. Manche haben sogar eine Picknickdecke und eine Flasche Sekt dabei. Andere sind wie wir mit dem Fahrrad gekommen. Und alle gucken wie gebannt Richtung Hamburg. Denn von dort soll sie kommen, im Hafen gab's zur Verabschiedung ein Feuerwerk, jetzt sei sie kurz vor Wedel, heißt es. Wir beschließen, der „Königin" schon ein Stück entgegenzuradeln. Und dann endlich, als wir das Ganze schon für ein Gerücht halten und fast nicht mehr an die Ankunft der „Queen" glauben, taucht sie plötzlich auf. Ich fange spontan an zu winken, auch wenn kein einziger Passagier auf Deck zu sehen ist. Schön sieht sie aus, die blau-weiße Queen. Sehr harmonisch und wirklich majestätisch, wenn auch etwas kleiner als vermutet.

Das war zum Abschluss noch ein echtes Highlight dieser ohnehin wunderbaren Tour. Wir haben auf sehr gut befahrbaren Wegen die ruhige und weite Marschlandschaft vor den Toren Hamburgs erradelt. Am Ufer der Elbe fühlt man sich groß und frei und gleichzeitig geborgen. Dieser Fluss hat eine besondere Ausstrahlung. Er ist still und breit und gleichzeitig lebendig. Er bringt uns die Welt nach Hamburg und wir stehen manchmal mit Fernweh an seinem Ufer und sind gleichzeitig glücklich und zufrieden über unsere norddeutsche Heimat. Eine Radtour entlang der Elbe ist immer (und nicht nur für Hamburger) etwas ganz Besonderes, auch wenn wir natürlich wissen, dass die Elbe nicht nur uns Hamburgern (und Zugezogenen) gehört.

INFOS

Besichtigungs-Tipp

★ Schulauer Fährhaus
„Willkomm Höft"
Parnaßstraße 29
22880 Wedel
www.schulauer-faehrhaus.de

Einkehr-Tipp

★ Melkhus – Gudrun von Drathen
Im Esch 16, 25371 Seestermühe

Heike-Tipp

★ Auf dem Elbdeich sitzen und (Traum-)Schiffe gucken.

Beim Planen der Tour unbedingt auf die Öffnungszeiten des Pinnau-Sperrwerks achten!

Karten-Empfehlung
ADFC-Regionalkarte
Hamburg u. Umgebung
1:75000
Melkhus
Uetersen
Rosengarten
Binnendiek
Neuendeich
Pinnau
Pinnau-Sperrwerk
Klevendeich
Moorrege
Pinneberg
Haselau
Heidrege
Audeich
Kreuzdeich
Altendeich
Bishorst
Burggraben
Hohenhorst
Zum Buschhof
Heist
Segelflugplatz
Mühlenwurth
Kamperrege
Scholenfleth
Elbmarschenhaus
Butendiek
Haseldorf
Auberg
Neuer Koog
Haseldorfer Hafen
Drommel
Hetlinger Deich
Thelenflether Sand
Holm
Holmerberg
Eckhorst
Julsand
Hetlinger Schanze
Luisenhöhe
Haidehof
Wildpark
Twielenfleth
Hetlingen
Idenburg
Hollern-Twielenfleth
Wedeler-Marsch
lern
Lühesand
Elbe
Siebenhöfen
Fährmannssand
Wedel
Bachenbrock
Elbdeich
Grünendeich
Schulau
Steinkirchen
Schulauer Fährhaus
athenburg
Am hohen Deich
Hanskalbsand

Deichschafe, Köge und der Schimmelreiter

Foto: Heike Götz

Nordstrand – Insel oder nicht Insel?

Route (35 km):
- Schobüll
- Damm nach Nordstrand
- Elisabeth-Sophien-Koog
- Oben
- Osterdeich
- Süden
- Neukoog
- Süderhafen
- Pohnshalligkoog
- Schobüll

Heute ist der letzte Tag des Sommers, meteorologisch gesehen. Gefühlt hat sich der Sommer längst verabschiedet, aber wir wollen trotzdem los. Diese Tour nach Nordstrand haben wir schon zwei Mal wegen des schlechten Wetters verschoben, heute setzen wir alles auf eine Karte. Bei der Abfahrt in Hamburg ist der Himmel grau, unterwegs fängt es an zu regnen. Oje, das kann ja heiter werden, denken mein heutiger Mitradler, mein Schwager Rüdiger, und ich wohl jeder für sich, während der Scheibenwischer hart arbeitet und die Bäume sich im Wind biegen. Was soll's ... Regenzeug haben wir wie immer dabei. Die Erfahrung meiner bisherigen Touren lautet: Nur keine Ausreden, ruhig erst mal losfahren, es wird dann schon irgendwie ... Wenn man erst die Gemütlichkeit des Autos verlassen hat und die ersten Kilo-

meter geradelt ist, wenn einem der Wind um die Nase weht und man sich wieder körperlich spürt, macht so eine Fahrradtour unglaublich Spaß. Meistens wird auch das Wetter besser als erwartet … und an der Küste ist es sowieso immer anders. Heute vor allem stürmisch. Allerdings hat dieser Wind an der Nordseeküste den unglaublichen Vorteil, dass der Himmel in der Regel schnell wieder aufreißt. Und siehe da: Kaum haben wir den Damm nach Nordstrand hinter uns, zeigen sich die ersten Sonnenstrahlen!

Wir beginnen die Tour in dem hübschen Örtchen **Schobüll** kurz hinter Husum. Dort gibt es am Schwimmbad einen öffentlichen Parkplatz. Nach kurzer Zeit auf dem Fahrradweg neben der Straße erreicht man den **Damm nach Nordstrand**, der etwa fünf Kilometer lang ist. Zu beiden Seiten erstreckt sich weites flaches Land, der **Beltringharder Koog**. Auf einer Informationstafel erfahren wir, dass dieser Koog erst in den 1980er-Jahren entstanden ist, als die Nordstrander Bucht aus Gründen des Küstenschutzes eingedeicht und somit dem Meer abgerungen wurde. Als Ausgleich für diesen unwiederbringlichen Verlust von großen Wattenmeerflächen steht der Beltringharder Koog seit 1991 unter Naturschutz und wird vollkommen sich selbst überlassen. Auf dem Feuchtgrünland mit Salzwasser-, Brackwasser- und Süßwasserlebensräumen haben sich die unterschiedlichsten Tiere und Pflanzen angesiedelt. Der Koog und die neuen Deiche sind für alle Wattenmeervögel ein wichtiger Rastplatz bei Hochwasser geworden.

Fährt man mit dem Auto nach Nordstrand, merkt man mitunter gar nicht, dass es nun auf eine Insel geht. Ich erinnere mich gut an eine engagiert geführte Auseinandersetzung in unserem *Landpartie*-Teamwagen, ob Nordstrand denn überhaupt noch eine Insel sei oder inzwischen eine Halbinsel. Vielleicht haben die Nordstrander auch deshalb am Ende des Damms ein großes Begrüßungsschild aufgestellt: „Reif für die Insel!“ Noch Fragen?

Gegenüber vom Begrüßungsschild gibt es einen Parkplatz. Wenn man sich die Fahrt mit dem Rad über den Damm sparen will, kann man auch hier sein Auto abstellen. Außerdem stehen hier die **„7 Flaggen für Nordstrand“**, riesige Skulpturen aus Granit und Gneis, geschaffen vom Rendsburger Künstler Tom Müllers. Diese Flaggen symbolisieren die sieben Köge, aus denen Nordstrand besteht. Ein Koog ist durch Entwässerung vom Meer gewonnenes, sehr flaches Marschland, das tiefer liegt als der Meeresspiegel. Der Deich schützt dieses Land vor Überflutung. Köge gibt es an der gesamten Nordseeküste, allein in Schleswig-Holstein sind es an die 180. Anderswo werden sie Polder oder Groden genannt. Von 1650 bis in die 1950er-Jahre hat man Köge vor allem zur Landgewinnung angelegt, seitdem steht der Küstenschutz im Mittelpunkt.

Für die Weiterfahrt kann man sich nun überlegen, ob man Nordstrand linksherum oder rechtsherum umrunden möchte. Wir entscheiden uns heute für linksherum, denn dann haben wir zum Schluss Rückenwind. Sozusagen erst die Arbeit und dann das Vergnügen. Außerdem gefällt mir die Richtung so gut: Es geht nach England! Wir bleiben also einfach auf unserem Fahrradweg und biegen nach kurzer Zeit rechts ab in den **Süderquerweg Richtung Fährhafen**. Wir strampeln eifrig gegen den Wind. An einen gemütlichen Plausch während der Fahrt ist nicht zu denken. Erstens hat hier jeder mit sich zu tun, und zweitens fliegen die Worte wie Fetzen mit dem Wind davon. Ich mag diese flache Nordseelandschaft sehr. Der Horizont ist weit, das Land grün und die höchste Erhebung ist der Deich. Wobei ich jedes Mal ein kleines bisschen enttäuscht bin, wenn es wieder nur ein sogenannter Sommerdeich ist, also einer, der mitten im Land steht. Von Meer ist hinter so einem Deich noch keine Spur.

Der Süderquerweg wird irgendwann zum **Hüttenweg**. Wir sind im **Elisabeth-Sophien-Koog**. Dieser Koog hatte schon 1771 einen flach ansteigenden Deich, im Gegensatz zu den in jener Zeit üblichen viel steileren Deiche, die oft den gewaltigen Sturmfluten nicht standhalten konnten. Bei der Sturmflut 1825 hielt als einziger Nordstrander Deich der im Elisabeth-Sophien-Koog. Daraufhin wurden alle neuen Deiche mit dem flacheren Profil gebaut. Die Nordstrander Familien, die den Elisabeth-Sophien-Koog besiedelt hatten, bekamen das königliche Recht der Selbstverwaltung. Noch heute hat der Elisabeth-Sophien-Koog eine Sonderstellung. Erst 1957 trat der Koog

Foto: Heike Götz

Uns gefallen diese „7 Flaggen für Nordstrand"

dem Deich- und Sielverband Nordstrand bei, ist aber nach wie vor eine eigene Gemeinde (mit knapp 70 Einwohnern).

Wir kommen an eine Inselhauptstraße und müssen uns jetzt zwischen rechts oder geradeaus entscheiden. Da wir vor lauter Wind kaum die Karte auseinanderfalten können, fragen wir eine sehr freundliche Insulanerin nach dem Weg Richtung Küste. Sie empfiehlt uns den Fahrradweg Richtung Fährhafen. Also fahren wir geradeaus, das heißt, wir queren die Hauptstraße und kommen nach kurzer Zeit an eine T-Kreuzung, an der wir rechts Richtung **„Oben"** fahren. Herrliche Ortsnamen! Und dann endlich: das Meer! Hier weht der Wind noch kräftiger, die Windräder laufen auf Hochtouren.

Zum Aufwärmen ein Phärisäer

Mit Pferdestärken zur Hallig

Wir genießen den Blick übers Wasser, zur **Hallig Nordstrandischmoor** mit ihren Warften und zur Insel **Pellworm**. Ich liebe den Anblick der Warften, die wie kleine Hügel aus dem Meer gucken. Meine Arbeit hat mich schon einige Male auf verschiedene Halligen geführt und immer war ich von dieser ganz eigenen Welt angetan. Vor einigen Jahren habe ich für die Sendung *Moin Heike* zehn unvergessliche Tage im Februar auf der Hallig Langeneß verbracht. Rau war es, kalt und stürmisch. Das Grau des Himmels unterschied sich kaum von dem kargen eintönigen Land. Keine Abwechslung, kein Baum, an dem sich der Blick festhalten und ausruhen kann. Noch nicht mal ein Strand, sondern nur die „Steinkante", von Flaniermeile, Geschäften oder Cafés ganz zu schweigen. Man braucht Zeit, sich darauf einzulassen, auf diese Stimmung und die Schönheit, die sich erst auf den zweiten oder dritten Blick erschließt. Ich kann gut verstehen, dass der eine oder andere es dort gar nicht aushält. Aber ich kann auch verstehen, dass es Menschen gibt, die von dieser ganz besonderen Welt angezogen sind. Zu Hause in meinem Zimmer habe ich zwei Bilder aufgehängt, die das Meer und die Warften zeigen. Ich schaue sie mir immer wieder gern an. Es beruhigt mich und weckt gleichzeitig eine unbestimmte Sehnsucht – und ist so typisch norddeutsch.

Weil es so schön ist, radeln wir auf der Seeseite des Deiches nach links Richtung **Norderhafen**. Wir müssen jetzt wirklich

Volle Kraft gegen den Wind

alles geben, um gegen den Wind überhaupt von der Stelle zu kommen! Aber es ist herrlich! Vor allem, als wir es dann geschafft haben und wieder ins Landesinnere auf den **Osterdeich** einbiegen. Im Windschatten eines hübschen Friesenhauses, auf einer Bank in der Sonne, machen wir jetzt erst einmal Picknick. Und wir freuen uns umso mehr, weil jetzt der gemütlichere Teil unserer Radtour beginnt, denn: Ab hier haben wir den Wind von hinten!

Bei dem tollen Antrieb kommen wir flott voran. Rechts neben einer Bäckerei im Osterdeich 100 lockt uns ein Schild **„Filz und Strick“** auf einen Hof. In einem kleinen Holzhaus sind schöne Handarbeiten ausgestellt, und als Frau Mende, die Besitzerin, uns begrüßt, erfahren wir, dass sie vor einem Jahr mit der Familie von Berlin hierher nach Nordstrand gezogen ist. Ihre Tochter Nanette filzt und strickt die diversen Pullover, Socken, Schmuck und Taschen; leider sei sie gerade mal mit dem Hund am Meer spazieren. Nach diesem kurzen herzlichen Plausch fahren wir wohlgemut weiter bis **Osterkoog**. Da machen uns auch die dunklen Wolken nichts aus, die einen kräftigen Schauer mitbringen. Wir stehen geschützt in einem Buswartehäuschen und Rüdiger macht mich darauf aufmerksam, dass das Häuschen mit Stahlseilen gesichert ist, damit es bei Sturm nicht wegfliegt. So was gibt’s wohl nur hier oben an der Küste!

Der lange Osterdeich endet an einer T-Kreuzung und wir halten uns links Richtung **Süderhafen**. Der Fahrradweg verläuft nun wieder neben der Straße. Schon von Weitem ist die **Engel-Mühle** zu sehen. In der Mühle ist heute ein Restaurant und eine Konditorei. Hier kann man die abgestrampelten Kalorien auf das Angenehmste wieder zu sich nehmen. Aber heute siegt ausnahmsweise die Vernunft und wir radeln weiter, denn wir wollen das inzwischen wieder trockene sonnige Wetter ausnutzen.

Wir nehmen den Fahrradweg neben der Straße durch den **Pohnshalligkoog**. Dieser Koog ist erst 1925 fertiggestellt worden und somit noch ganz junges Siedlungsgebiet. Nach einiger Zeit biegen wir von der Hauptstraße scharf rechts in die Straße **„Kolonat“** und fahren dann am Deich nach links. Es radelt sich herrlich leicht mit schönstem Rückenwind! Wir müssen immer richtig abbremsen, um die Tore zwischen den Schafweiden auf dem Deich zu öffnen und zu schließen. Schafe auf dem Deich und Schäfchenwolken am Himmel! Klar, dass wir dann bei der **Schäferei Baumbach** anhalten. Familie Baumbach habe ich bei einer der ersten *Landpartien* im Jahr 2000 besucht. Neben Schafen hat Familie Baumbach inzwischen auch noch eine Herde Galloway-Rinder. Das Fleisch beider Tiere kann man im Hofladen kaufen. Und im Dachgeschoss des Hofladens wird einem augenblicklich warm und kuschelig beim Anblick von so vielen Schafwollsocken, Fellen, Hausschuhen und diversem Schnickschnack rund ums Schaf. Es ist schön für mich, nach so langer Zeit zu sehen, was aus den Höfen geworden ist, die ich einmal mit der *Landpartie* besucht habe. Die Schäferei Baumbach gehört auf alle Fälle zu den Vorzeigebetrieben. Mit einer Lamm- und einer Galloway-Salami im Gepäck und verwöhnt von diesem wunderbaren Rückenwind, erreichen wir nun fast wie von selbst unseren Ausgangspunkt auf dem Festland in **Schobüll**.

35 Kilometer rund um Nordstrand, und es war herrlich! Auf der Rückfahrt lohnt es sich auf jeden Fall, noch in **Husum** Station zu machen. Die von Theodor Storm beschriebene „graue Stadt am Meer" ist heute alles andere als grau. Der Hafen ist eine lebendige Meile geworden, die Altstadt lädt zum Bummeln ein und das **Theodor-Storm-Haus** ist unbedingt einen Besuch wert. Nach dieser Fahrradtour mit all den Eindrücken von Meer, Deichen, Kögen, Wind und Wellen will ich sofort noch einmal den *Schimmelreiter* lesen – und diesmal mit ganz anderen Augen als damals in einem miefigen Klassenzimmer irgendwo weit weg von der Nordsee. Wir beenden die Tour schließlich bei strahlend blauem Himmel mit Schäfchenwolken. Dass wir unterwegs noch nass geworden sind und mir vor lauter Gegenwind fast die Mütze weggeflogen ist, haben wir bei der Heimfahrt schon wieder vergessen. Wir sind ein wenig stolz auf uns und froh, dass wir uns trotz der anfangs grauen Aussichten aufgemacht haben!

INFOS

Besichtigungs-Tipp

★ Theodor-Storm-Haus
Wasserreihe 31, 25813 Husum
www.storm-gesellschaft.de

Einkehr-Tipp

★ Engelmühle
Süderhafen 15, 25845 Nordstrand
www.engelmühle.de

Heike-Tipps

★ Schäferei Baumbach
Pohnshalligkoogstraße 1
25845 Nordstrand
www.lammfleisch.de

★ Filz und Strick
Osterdeich 100
25845 Nordstrand
www.filzundstrick.de

Karten-Empfehlung
ADFC-Regionalkarte
Schleswig-Holsteinische
Nordseeküste mit Insel
1:75000
Arlauschleuse
Hattstedtermarsch
Beltringharder Koog
Wobbenbüll
Wittland
Oben
Elisabeth-
Halebüll
Norderhafen
Sophien-
Schobüll
Koog
Schäferei
Baumbach
Filz und Strick
Alter Koog
England
Morsumkoog
Nordstrand
Mettgrund
Süden
Engel-
Mühle
Theodor-Storm-Haus
Trendermarschkoog
Neukoog
Husu
Süderhafen
Lundenberger
Sand
Langerdeich
Dreisprung
Nordstrander Watt
Simonsbergerkoog
Simonsberg

Viermaster, Steilufer und Fischbrötchen

Foto: Ingo Wandmacher

Rund um Travemünde

Route (36 km):

- Travemünde
- Hermannshöhe
- Niendorf
- Häven
- Warnsdorf
- Kreuzkamp
- Offendorf
- Hemmelsdorf
- Timmendorfer Strand
- Niendorf
- Travemünde

Diese Tour ist eine besondere Empfehlung von Ingo, dem Fotografen dieses Buches. Er wohnt in Bad Schwartau und fährt – wenn es seine Zeit erlaubt – gern mal mit dem Fahrrad an die Ostsee, am liebsten nach Niendorf oder Timmendorfer Strand. Deshalb meinte er, ein Buch über schöne Radtouren in Schleswig-Holstein sei ohne eine Tour durch seine Lieblingsgegend unvollständig. Also los!

Ingo Wandmacher und ich treffen uns an einem sonnigen Frühlingstag in **Travemünde** am **Parkplatz Möwenstein**, direkt an der Ostsee an der Kaiserallee/Ecke Strandredder. Hier kann das Auto für drei Euro am Tag gut stehen. Wer Lust und Zeit hat, beginnt die Tour schon am Hafen von Travemünde und schaut ein bisschen dem Treiben der Segler und Fähren zu. Unbedingt sehenswert ist die

Fotos: Ingo Wandmacher

Am Brodtener Ufer

Kaffeepause mit Herz

Passat, ein 100-jähriges Frachtsegelschiff. Dieser Viermaster, auf dem damals vor allem Salpeter und Getreide transportiert wurde, umrundete auf dem Seeweg nach Chile 39mal das legendäre Kap Horn. Obwohl es in den 1920er- und 1930er-Jahren schon längst Dampfschiffe gab, war die Passat unter vollen Segeln oft schneller. Diese und viele andere Geschichten aus der aktiven Zeit der Passat können Besucher von ehemaligen Seeleuten erfahren, die heute über das Schiff führen. 1957 ging die Passat auf ihre letzte große Fahrt, damals schon als Segelschulschiff, und liegt seitdem am Priwall in Travemünde. Das Schiff gehört der Stadt Lübeck und ist heute Museum, Jugendherberge und Standesamt, und so mancher träumt davon, das Wahrzeichen von Travemünde wieder flottzumachen und loszusegeln.

Wir also starten unsere Tour etwas abseits des Travemünder Trubels am Ortsausgang Richtung **Brodten**. Vom Parkplatz Möwenstein führt der Fahrradweg direkt an der Steilküste entlang bis zur **Hermannshöhe**. Die Blicke vom Steilufer auf die Lübecker Bucht faszinieren mich immer wieder und ich muss erst einmal stehen bleiben und die Aussicht genießen. Die Steilküste ist hier bis zu 20 Meter hoch, unterhalb liegt ein steiniger, wildromantischer Strand. Auf der Hermannshöhe gibt es einen Imbiss, einen Spielplatz und Bänke mit wunderbarem Meerblick. Wir fahren weiter auf dem Steilküstenweg bis **Niendorf**. Ein

Ein traumhafter Weg!

Bohlenweg führt ein kurzes Stück über den Strand, am Ende geht es links in die Ostseeallee. Auf der Hauptstraße kurz rechts abbiegen und dann gleich wieder links Richtung Warnsdorf. Der Fahrradweg verläuft neben der Straße. Über den kleinen Ort **Häven** führt uns der Radweg bis **Warnsdorf**. In Warnsdorf selbst hält man sich an der Kreuzung rechts Richtung Ratekau.

Wir machen unsere erste Rast in Warnsdorf auf **Karls Erdbeerhof**. Hier entstand 1921 der ursprüngliche Bauernhof der mittlerweile sehr erfolgreichen Marke „Karls Erdbeerhof", die im Norden auch durch zwei riesige Betriebe in der Nähe von Rostock bekannt ist. Sicherlich, die Größe des Selbstbedienungsrestaurants mit Laden und Erlebnishof ist nicht jedermanns Geschmack. Auch ich war skeptisch. Die Qualität und der Preis von Kaffee und Kuchen haben mich aber überzeugt. Die Verkäuferinnen sind sehr freundlich. Es gibt Herzhaftes für Ingo und hausgebackenen Kuchen auf nettem Geschirr für mich. Wir sitzen draußen im Schatten und fühlen uns wohl.

Der herrliche Radweg neben der Straße führt uns weiter Richtung Kreuzkamp. Unterwegs sieht man immer mal wieder den **Hemmelsdorfer See**, besonders schön in **Wilmsdorf**. Wir machen einen ganz kurzen Abstecher hinunter zum Seepavillon in Wilmsdorf – ein hübsches Café in einem Gutshaus direkt am See. Dieses Café wäre eine gute Einkehralter-

Fotografen-Pause

Sommer an der Ostsee

native zu Karls Erdbeerhof, allerdings ist montags Ruhetag. Und da wir an einem Montag unterwegs sind, sind wir froh, bei „Karl“ eingekehrt zu sein.

Zurück an der Hauptstraße fahren wir flott weiter bis **Kreuzkamp**, dem südlichen Zipfel des Hemmelsdorfer Sees. An der T-Kreuzung geht es nach rechts Richtung Ratekau und (Achtung, leicht zu übersehen!) nach wenigen Metern kommt rechts ein kleiner Parkplatz, von dem ein **Wanderweg hinunter zum See** führt. Den nehmen wir und fahren jetzt auf einem Sandweg immer direkt am See entlang. Unterwegs treffen wir auf stille Badebuchten (ich wage mich für ein Foto mit den Füßen ins Wasser!) oder schöne Plätzchen zum Ausruhen. Dann kommt man zu einem Freibad, das von Mai bis September geöffnet ist. Hier in **Offendorf** an der Badeanstalt verlassen wir nun erst einmal den See, fahren in den Ort und an der Hauptstraße rechts **Richtung Ratekau**. Jetzt haben wir wieder einen asphaltierten Fahrradweg neben der Straße, der sehr gut zu fahren ist. Irgendwann erreichen wir eine T-Kreuzung und halten uns rechts **Richtung Hemmelsdorf**, Timmendorfer Strand. Auf der linken Seite liegt der **Obsthof Knoop**, wo wir uns noch mit frischem Obst eindecken.

Ingo freut sich jetzt schon auf Hemmelsdorf, denn er will mir unbedingt seinen Geheimtipp zeigen, **Schierbaums Fischkate**. Die ist ganz leicht zu finden,

Foto: Ingo Wandmacher

Am Niendorfer Hafen

sie liegt in Hemmelsdorf an der Hauptstraße rechts. Man sitzt direkt am Wasser auf rustikalen Bänken oder in zu Strandkörben umfunktionierten halben Fischerbooten. Die Auswahl an geräuchertem Fisch ist groß, alles hier vor Ort selbst geräuchert, wenn auch nicht unbedingt selbst gefangen. Es schmeckt ausgezeichnet und Ingo beißt herzhaft in sein Fischbrötchen, während ich ihn fotografieren darf. (So ein Rollentausch, wenn auch der Fotograf oder Kameramann selbst mal ins Bild kommt, ist schon etwas Besonderes.)

Unser nächstes Ziel heißt **Timmendorfer Strand**. Dazu fahren wir von der Fischkate zurück auf die Hauptstraße, halten uns rechts und biegen später an einer Bushaltestelle rechts in den **Nothweg Richtung Timmendorfer Strand / Gestüt am See**. Ein sehr schöner fester Sandweg führt uns durch das beschauliche Naturschutzgebiet **Aalbeek-Niederung**. An einer Weggabelung kann man rechts zum **Hermann-Löns-Blick** fahren oder links nach Timmendorfer Strand. Wir entscheiden uns für links, obwohl es die Tour etwas länger macht. Aber Ingo will mir unbedingt noch den Strand zeigen, an den er oft mit seiner Familie fährt und der für ihn ein Stück Heimat ist. An der nächsten Weggabelung fahren wir geradeaus, dann gleich scharf rechts und nach weiteren 20 Metern wieder geradeaus. So kommt man direkt nach **Timmendorfer Strand**. Man überquert die große Straße und fährt nun immer weiter geradeaus bis zur Strandpromenade. Wer Lust hat, kann jetzt Sand, Wasser und Strandleben genießen oder das Treiben auf der Promenade beobachten.

Wir treten unseren Heimweg an und fahren auf der **Strandpromenade Richtung Niendorf**. Unterwegs zeigt mir Ingo noch seine Lieblingsbuchhandlung an der Strandpromenade (Strandallee 137), die wie ein asiatischer Tempel aussieht. „Eines der schönsten Fleckchen Erde ist für mich aber der **Hafen von Niendorf**“, sagt Ingo, der durch seinen Beruf als Fotograf schon so einiges von der Welt gesehen hat. „Hier sitze ich manchmal abends nach einem anstrengenden Tag. Am liebsten bei leichtem Regen.“ Heute scheint zum Glück herrlichste Sonne und das Plätzchen, von dem er spricht, ist auch bei diesem Wetter schön. Es ist eine hölzerne Mole, die vom Hafen ein Stück auf die Ostsee führt. Vorn an der Spitze der Mole sind ein paar Bänke und ich kann mir gut vorstellen, dass man hier auch bei nicht so gutem Wetter ganz für sich sein und stundenlang aufs Meer schauen kann.

Der Rest der Tour ist leicht erzählt, denn ab Niendorf kennen wir die Strecke schon, bloß aus der anderen Richtung. Es geht immer an der Küste entlang. Wir strampeln noch einmal hoch zur Hermannshöhe und lassen uns dann bergab rollen bis zum **Parkplatz Möwenstein**. Am Kiosk des Parkplatzes trinken wir noch gemütlich ein Wasser und lassen die 36 Kilometer von Travemünde, über das Steilufer bei Brodten, rund um den Hemmelsdorfer See und zurück über Timmendorfer Strand und Niendorf noch einmal Revue passieren. Eine schöne Tour war's. Ingo hat mir nicht zu viel versprochen, als er mir von seinem Lieblingsfahrradweg vorschwärmte.

INFOS

Besichtigungs-Tipp

★ Segelschulschiff Passat
Am Priwallhafen 16a
23570 Lübeck-Travemünde

Einkehr-Tipp

★ Karls Erdbeerhof
Fuchsbergstraße 4
23626 Warnsdorf
www.karls.de

Ingo-Tipps

★ Schierbaums Fischkate
Seestraße 16
23669 Hemmelsdorf

★ Hafenmole in Niendorf

Karten-Empfehlung
ADFC-Regionalkarte
Lübeck u. Umgebung
1:75000
Neustädter Bucht
Scharbeutz
Ostsee-
Therme
Timmendorfer
Strand
Niendorf
Hafenmole
Hermannshöhe
Vogelpark
Brodten
Hermann-Löns-Blick
Golfplatz
Evershof
Häven
Karls
Erdbeerhof
Hainholz
Schierbaums
Fischkate
Warnsdorf
Hemmelsdorf
Golfplatz
Teutendorf
Travemünde
Hemmelsdorfer
See
Fuchsberg-
siedlung
Am Spann
Wilmsdorf
Passat
tekau
Warnsdorfer-
moor
Grammersdorf
Ivendorf
Offendorf
Ovendorf
Kreuzkamp
Pöppendorf

Ein Dom, ein Narr und ein Kanal

Zwischen Ratzeburg und Mölln: Dom, Till Eulenspiegel und herrliche Wege zwischen Seen und Elbe-Lübeck-Kanal

Route (ca. 40 km):

- Ratzeburg
- Buchholz
- Klein Disnack
- Bartelsbusch
- Berkenthin
- Mölln
- Fredeburg
- Ratzeburg

Einfach losfahren! Dieses Motto, das ich vor Jahren von einem Bauern gehört habe, der eines Tages einfach so mit Pferd und Wagen losgezogen ist, kommt mir in den Sinn. Ein bisschen fühlt es sich so an, als mein Mann und ich an einem wunderschönen Herbsttag eine Radtour sozusagen „vor unserer Haustür“ machen. Warum nicht einmal die Gegend um die eigene Kreisstadt mit dem Fahrrad erkunden? Klar war ich schon oft in Ratzeburg, privat und mit der Landpartie, habe mir den ehrwürdigen Ratzeburger Dom angeschaut und das Grab von Ernst Barlach, habe vor der Kult-Eisdiele „Café Pelz“ in der Schlange gestanden, im Ratzeburger See gebadet und bin auf ihm gerudert, habe abends bei „Fischer Jobmann“ am Steg gesessen und mit Lydia, der sympathischen Besitzerin des „Wollladens“, während des Landpartie-

festes kleine Segelboote und Wimpel für mein Landpartierad gehäkelt. Sie merken schon, mit Ratzeburg verbindet mich so einiges. Eine meiner Fahrradtouren soll also unbedingt in Ratzeburg starten, unserer Kreisstadt.

Wir starten auf dem großen Parkplatz am See direkt beim **Eiscafé Pelz**. Hier kann man für 4,– € das Auto den ganzen Tag parken. Der See liegt malerisch vor uns und der fast 900 Jahre alte **Dom** in schönster Backsteinarchitektur ist nur einen Katzensprung entfernt. Er steht auf dem höchsten Punkt der **Altstadtinsel** und gehört zu den vier sogenannten Löwendomen. Der Name kommt von seinem Stifter, Heinrich dem Löwen. Ab 1160 wurde dieser Dom als Bischofskirche für das Bistum Ratzeburg gebaut und ist damit eine der ältesten erhaltenen Kirchen in Norddeutschland. Die anderen drei Löwendome sind übrigens in Lübeck, Schwerin und Braunschweig. Der Ratzeburger Dom ist unbedingt einen Besuch wert, neben touristischen Führungen gibt es ein lebendiges Kirchen- und Musikleben mit wunderbaren Konzerten.

Wir entscheiden uns heute, ein Stück um den **Ratzeburger See** zu fahren. Ein Rad- und Wanderweg führt immer am Ufer entlang. Dazu geht es vom Parkplatz nach links Richtung **Lübeck**. Dann radeln wir gleich rechts in die **Lübecker Straße**, die uns durch eine hübsche Häusersiedlung in einiger Entfernung am See entlangführt. Nach kurzer Zeit geht es an einer Wegkreuzung rechts in den Wald. Wir folgen der Beschilderung des Rad- und Wanderweges Richtung Buchholz, immer in kurzer Entfernung am Ufer entlang. Der See blitzt hin und wieder durch die Bäume. Es geht viel auf und ab, was die Radtour etwas beschwerlich macht. Natürlich braucht man kein Mountainbike, da es ein fester und breiter Weg ist, aber wir sind doch froh, dass wir uns heute beim Fahrradverleiher in der Stadt wieder für E-Bikes entschieden haben. Die Schubkraft bergauf ist doch ganz angenehm … Im Herbst hat der Weg so seine kleinen Tücken, denn er ist voller Laub. Das sieht einerseits romantisch aus, andererseits weiß man nie so genau, ob unter dem Laubteppich vielleicht ein Stein oder eine Wurzel ist. Ich fahre voll konzentriert, den bunten Herbstwald und den See zwischen den Bäumen genieße ich trotzdem.

Irgendwann kommt der Wegweiser nach **Einhaus**. Wer sich gern das **Ansverus-Kreuz** anschauen möchte, sollte hier abbiegen. Ansverus war ein Benediktinermönch und Missionar, der an dieser Stelle, wo heute das Kreuz steht, vor fast 1000 Jahren erschlagen wurde. 1170 wurde er vom Papst heiliggesprochen und seitdem erinnert eine Tafel im Altarraum des Ratzeburger Doms an den Mönch. Alljährlich im September machen Katholiken eine **Wallfahrt** zum Kreuz des heiligen Ansverus in Einhaus. Wir entscheiden uns, weiter am See zu radeln. Es ist einfach zu schön und wir kommen trotz der Berg-und-Tal-Fahrt gut voran. Der erste Ort direkt am Ufer ist Buchholz, hier gibt es einen zauberhaften kleinen Segelhafen, und wir beschließen nach einer kurzen Pause, ab jetzt ins Landesinnere zu fahren. Natürlich könnte man immer weiter am See radeln und würde irgendwann zurück nach Ratzeburg kommen. Auch diese Tour hat absolut ihren Reiz.

Wir wollen nach **Berkenthin** am **Elbe-Lübeck-Kanal**. Also vom kleinen Segelhafen in Buchholz in den Ort und dort rechts in die Schulstraße. Diese immer geradeaus – unter der **Brücke** der B207 hindurch – bis nach Klein Disnack. Der Weg führt durch die Feldflur, teilweise ist es ein Wiesenweg. In **Klein Disnack** angekommen, überqueren wir die Hauptstraße und fahren geradeaus Richtung **Bartelsbusch**. Es geht wieder durch einen Wald bis zu einer T-Kreuzung. Dort halten Sie sich rechts Richtung **Groß Disnack**. An einer weiteren Kreuzung mitten im Wald fahren Sie wiederum rechts Richtung Berkenthin. Es ist ein schöner Weg durch den Wald, allerdings ist er etwas beschwerlich, da der Untergrund eine uralte Kopfsteinpflasterstraße und damit manchmal holprig ist. Unterwegs passieren wir einsame Gehöfte und sind verwundert, dass es so etwas bei uns überhaupt gibt. So dicht an Ratzeburg, Hamburg oder Lübeck und dennoch vollkommen abgeschieden. Die Bewohner sind bestimmt besondere Menschen, sinniere ich während der Fahrt. Wie mag es sein, so einsam zu leben? Im Sommer, im Winter? Könnte ich das auch?

Foto: Ingo Wandmacher

Auf herrlichen Waldwegen rund um den Ratzeburger See

Wer mag, kann sich an den Wegkreuzungen unterwegs an informativen Tafeln über Naturparks und Eiszeiten informieren und mit dem Smartphone Wissenswertes anhören. Ich finde es nett, dass auf so eine unaufdringliche und ein wenig abenteuerliche Weise über Besonderheiten unserer Heimat informiert wird.

Irgendwann geht der Waldweg in eine kleine Straße über, die uns geradewegs nach **Berkenthin** führt. Dort angekommen, fahren wir nach rechts Richtung **„Berkenthin Zentrum"**, denn wo das Zentrum ist, ist die **Kirche**. Diese liegt wunderschön und ist perfekt für eine kleine Verschnaufpause. Gleich hinter der Kirche rechts geht es direkt zur **Brücke**, die über den **Elbe-Lübeck-Kanal** führt.

Malerische Kulisse in Berkenthin

Der Elbe-Lübeck-Kanal ist nicht nur Ausflugsziel, sondern auch lebendige Schifffahrtsstraße

Schauen Sie vom Radweg am anderen Ufer des Kanals unbedingt noch einmal zurück. Brücke, Kanal und Kirche sind ein Postkartenmotiv.

Ab hier ist **Mölln** ausgeschildert. Der Weg am Kanal entlang ist ein Highlight. Sehr flach und für Radfahrer oder Wanderer wie geschaffen. Wir sehen Wildgänse, erfreuen uns am Uferschilf und an den Spiegelungen der herbstlichen Bäume und beobachten Binnenschiffe in der Schleuse. Der Elbe-Lübeck-Kanal ist ca. 60 km lang und geht von der Elbe bei Lauenburg bis zur Trave und damit bis zur Ostsee bei Lübeck. Im Jahr 1900 wurde diese künstliche Wasserstraße eingeweiht und verbindet seitdem die Ostsee mit den Binnenflüssen. Über die gesamte Länge führt direkt am Kanal ein herrlicher Wander- und Radweg entlang. Es ist der Wirtschaftsweg zur Unterhaltung des Kanals und daher gut in Schuss.

Wir könnten ewig so weiterradeln, aber wir wollen ja heute noch zu unserem Ausgangspunkt nach Ratzeburg. Also biegen wir in **Mölln** ab. Der Blick auf die Altstadt von Mölln über den Ziegelsee ist wunderschön. Wir schieben die Räder rechts an der Autobrücke steil hoch. Direkt an der Brücke ist das **Café** mit dem kuriosen Namen **„Fräulein Ziegenbein“**. Wer jetzt Lust auf Kaffee und Kuchen hat, wäre hier richtig. Über die Brücke geht es dann auf einem Radweg neben der Straße hinein in die Stadt. Mölln hat eine sehr eindrucksvolle **Alt-**

stadt und noch viele kleine Geschäfte. Natürlich suchen wir jetzt den berühmten **Eulenspiegel-Brunnen**.

Till Eulenspiegel soll im Mittelalter als Narr seinen Mitmenschen den Spiegel vorgehalten haben. Auf diese Weise kritisierte er den Adel, die Kirchenfürsten und auch seine Mitmenschen. Wir alle kennen diese Figur aus Kindertagen und es gibt einige Städte, die sich mit Till Eulenspiegel rühmen. In Mölln soll er 1350 an der Pest gestorben sein. Es gibt ein Eulenspiegel-Museum, Eulenspiegel-Festspiele und ein Foto am Eulenspiegel-Brunnen, und das Reiben der blanken Stellen ist ein Muss.
Nachdem ich die „Pflicht" erledigt habe (an Daumen und Fuß gerieben für Glück in der Zukunft), folgt die „Kür" (herrliche Brotpause auf einer Bank neben Till mit sofortigen Glücksgefühlen). Wir beratschlagen, auf welchem Weg wir zurück nach Ratzeburg fahren, und entscheiden uns für den direktesten. Dieser führt über die Ratzeburger Straße hinaus aus Mölln und dann auf einem perfekt ausgebauten Radweg neben der B207 bis nach Ratzeburg. Natürlich könnte man auch auf der „Naturparkroute" bis Ratzeburg fahren. Das ist sicherlich landschaftlich schöner, aber wir wollen jetzt schnell nach Hause, denn der Himmel zieht sich langsam zu. Also in die Pedale treten!

Foto: Ingo Wandmacher

Till Eulenspiegel bringt Glück

Ganz kurzer Stopp noch in der **Domäne Fredeburg**. Das muss einfach sein. Ich liebe nämlich besonders den Quark von diesem Demeterhof. Der schmeckt für mich „wie früher", als wir Quark noch lose kauften. Ich tausche mein leeres Quarkpfandglas vom letzten Besuch gegen ein volles. Überhaupt gibt es köstliche Milchprodukte, Fleisch sowie Gemüse von der Hofgemeinschaft der Domäne im großen Bioladen, dazu ein fantastisches Angebot aus Küche und Café. Die Preise sind recht stolz, aber dafür ist es nicht nur Bio-, sondern Demeterqualität. Gegenüber des großen Hofes ist ein Wisentgehege und ein „Friedwald", also ein Begräbniswald. Seit fast 30 Jahren leben und arbeiten vier Familien und inzwischen an die 50 Mitarbeiter auf der Domäne nach den Grundsätzen der biologisch-dynamischen Landwirtschaft von Rudolf Steiner. Es ist ein sehr lebenswerter Ort, dessen besondere Atmosphäre ich auch als Besucherin immer wieder spüre.

Tipp: Wenn Sie von Fredeburg wieder losfahren, überqueren Sie am besten gleich an der Domäne die Straße an der Fußgängerampel (Richtung Wisentgehege und Friedwald). Dann sind Sie auf der rechten und damit richtigen Seite der viel befahrenen Straße. Das ist dann auch schon der Radweg Richtung Ratzeburg. Der Radweg links der B207 führt nämlich nach Lübeck, und an der eigentlichen Kreuzung ein paar Hundert Meter weiter ist eine Überquerung für Radfahrer gefährlich.

An dieser Kreuzung halten Sie sich also rechts Richtung Ratzeburg und überqueren eine stillgelegte Bahnstrecke. Da verkehren heutzutage keine Züge mehr, aber wenn Sie Glück haben, kommt gerade eine Draisine vorbei. Der Verein der **„Erlebnisbahn Ratzeburg“** hat die 13 Kilometer lange Bahnstrecke zwischen Ratzeburg und Hollenbek als **Draisinenstrecke** umfunktioniert, das heißt, nur mit Muskelkraft bewegen Sie sich in einem kleinen offenen Wagen vorwärts. Das macht viel Spaß und ist insbesondere für kleine und große Gruppen ein tolles Angebot. Ich erinnere mich sehr gut an die sogenannte **„3-Muskel-Tour“**, die ich einmal für die Landpartie gemacht habe: **Draisine, Konferenzrad** und **Drachenboot**. Es war herrlich!

Der Rest unserer heutigen Tour ist nun schnell erzählt. Auf geradem Weg geht es am **Küchensee** vorbei flink bergab zu unserem Ausgangspunkt, dem Parkplatz am Ratzeburger See. Ein Eis wäre jetzt genau das Richtige!

Fazit: Diese Tour hat wie alle anderen Radtouren richtig Spaß gemacht. Der herbstlich verfärbte Wald, die Seen, die tolle Strecke am Kanal und die hübschen Kleinstädte Ratzeburg und Mölln bieten viel. Auch das Konzept vom „Einfach losfahren!“ war einen Versuch wert. Natürlich hatten wir eine Karte dabei, auf der verschiedene Radwege markiert sind. Wir haben uns aber bewusst dafür entschieden, keiner der vorgeschlagenen Rundtouren zu folgen, sondern verschiedene Teilabschnitte zu einer eigenen Rundtour zu machen. Ich stelle immer wieder fest, wie schön unsere Heimat ist und wie wunderbar, sie so einfach mit dem Rad zu erkunden.

INFOS

Besichtigungs-Tipp

- ★ Dom Ratzeburg
  www.ratzeburgerdom.de
- ★ Eulenspiegel-Brunnen Mölln
  www.moelln-tourismus.de/a-eulenspiegel-brunnen

Einkehr-Tipp

- ★ Domäne Fredeburg
  mit Bioladen und Café
  www.domaene-fredeburg.de

Heike-Tipp

- ★ Pause mit malerischer Kulisse am Kanal in Berkenthin

Karten-Empfehlung
ADFC-Regionalkarte
Lübeck u. Umgebung
1:75000
Siedlg. Klempau
Klein Sarau
Gr. Sarau
Klempau
Holstendorf
Pogeez
Hohe Buch Berg
Ratzeburger See
Gr. Disnack
Klosterberg
Berkenthin
Brücke über den Kanal
Buchholz
Kl. Disnack
Hafen
Bartelsbusch
Kalkhütte
Hudeberg
Bäk
Bäk
Römnitz
Kulpin
Einhaus
Ansveruskreuz
Behlendorfer schleuse
Behlendorfer See
Inselstadt
Dom
Ratzeburg
Harmsdorf
St. Georgsberg
Dermin
Neuvorwerk
Behlendorf
Giesensdf.
Ankerscher See
Küchensee
Ravenskamp
Albsfelde
Farchau
Farchauer Mühle
Albsfelder Berg
Albsfelder Tannen
Domäne Fredeburg
Hundebusch
Donnerschleuse
Fredeburg
Am Busch
Neulankau
Lankau
Schmilauer Tannen
Lankauer See
Schmilau
Gretenberge
Erlebnisbahn Ratzeburg
Schaalseekanal
Tangenberg
Hammer
Marienwohlde
Torfkaten
Althorst
Waldhof
Pinnsee
Horst
Feuerberg
Mölln
Till Eulenspiegel Brunnen
Alt Mölln
Brunsmark
Neuhorst
Bälau

Ostseeinsel Fehmarn: Meerblick, Hofcafés und etwas Dänemark-Feeling

Foto: Ingo Wandmacher

Ostseeinsel Fehmarn: Meerblick, wunderschöne Fahrradwege, Hofcafés und ein bisschen Dänemark-Feeling

Route (ca. 40 km):

- Burg
- Burgstaaken
- Burgtiefe
- Staberdorf
- Meeschendorf
- Katharinenhof
- Klausdorf
- Presen
- Marienleuchte
- Puttgarden
- Niendorf
- Burg

Fehmarn ist wie geschaffen für Radfahrer. Es gibt herrliche Fahrradwege, alles ist bestens ausgeschildert, und die Ostsee ist immer ganz nah. Wir machen unsere Tour an einem späten Oktobertag. Wie heißt es so schön: An der Küste kommt der Wind immer von vorn. Fehmarn ist bekannt für bestes Surfwetter, sprich Wind und Welle. Deshalb entscheiden wir uns für ein E-Bike. Die Aussicht, nicht kilometerlang gegen den Wind strampeln zu müssen, beruhigt mich. Und nach der wunderbaren Tour weiß ich, dass ich trotzdem ganz schön was getan habe. Glücklich und erschöpft mit viel frischer Luft in den Lungen und Sonne im Gesicht, fahre ich mit meinem Mann am späten Nachmittag wieder über die Fehmarnsundbrücke nach Hause.

Auf historischem Kopfsteinpflaster in Burg

Wir wollen heute den östlichen Teil der Insel erkunden und starten in der **Inselhauptstadt Burg**. Kopfsteinpflaster, ein lang gezogener Marktplatz mit vielen Cafés und Geschäften, die **Kirche Sankt Nikolai** – das ist das Zentrum von Burg. Schön ist es hier. Wir folgen der Süderstraße, die zum **Staakensweg** wird, bis **Burgstaaken**. Ruck, zuck! sind wir da, obwohl dies die einzige Strecke auf der Insel ohne ausgewiesenen Fahrradweg ist. Am **Hafen** von Burgstaaken liegen die Fischerboote, ein paar Segler sind auch noch da und ich muss unbedingt einmal kurz ins Wasser spucken. Mein Schwiegervater, ein gebürtiger Fehmaraner, hatte mir einmal gesagt, dass sie dieses Ritual als Halbwüchsige immer gemacht hätten … Klar, es soll wohl irgendwie Glück bringen. Na denn …

Wir schauen auf die **Fehmarnsundbrücke** und genießen es, ein wenig dem ruhigen Hafentreiben zuzusehen. Ein Fischerboot legt gerade an, ein paar Neugierige wollen gleich Fisch kaufen, ich sitze in der Sonne am Hafenbecken und höre das sanfte Plätschern der Wellen. Aber wir haben ja noch einiges vor heute … also los! Wenigstens einmal kurz bei den **Seenotrettern** vorbeischauen. Schließlich bin ich „Bo(o)tschafterin" der Deutschen Gesellschaft zur Rettung Schiffbrüchiger **(DGzRS)** und habe als solche ein großes Herz für die wichtige Arbeit der ehrenamtlichen Retter auf Nord- und Ostsee. Passend dazu habe ich heute sogar meine wollene Seenotrettermütze auf. Die ist schön warm, wie man es an der See eben braucht. Die **„Arwed Emminghaus"**, ein echter **Seenotrettungskreuzer**, ist nach fast 40 Dienstjahren – 28 bei der DGzRS, den Rest in Island – jetzt ein **Museumsschiff** mit einem trockenen Platz im Hafen von Burgstaaken. Besucher können sich kurzweilig über die Arbeit der Seenotretter und die mehr als 150-jährige Geschichte dieser ausschließlich von Spenden getragenen Organisation informieren.

Um den **Sahrensdorfer Binnensee** führt ein wunderschöner Fahrradweg bis nach **Burgtiefe**. Unterwegs laden immer wieder Bänke zum Ausruhen ein. Eine Sitz- oder besser gesagt Liegeprobe muss sein!

Burgtiefe sieht man schon von Weitem. Da sind die markanten drei **Hoteltürme**, die höchsten Gebäude der Insel. Es gibt nicht wenige Menschen, die sie „potthässlich" finden, aber wer einmal ein paar Tage dort verbracht hat, wird die funktionale und recht gemütliche Ausstattung der Zimmer und den Meerblick lieben. Markant sind die manuell verstellbaren Lamellen der Balkonverkleidung. So kann man im Bett liegen und trotzdem das Meer sehen. Entworfen haben diesen Hotelkomplex (zu dem u.a. auch noch eine Schwimmhalle, das Haus des Gastes und Ferienhäuser gehören) die dänischen Stararchitekten und Designer Arne Jacobsen und Otto Weitling. Beide waren von den Ideen des berühmten Bauhauses begeistert: Formen, Farben, Material sind funktional und auf das Wesentliche begrenzt. Allerdings ist von ihrer ursprünglichen Hotelplanung nicht sehr viel übrig geblieben. Sie hatten viergeschossige Gebäude entworfen, auf Druck der Bauherren wurden daraus 17 (!) Geschosse. Es war die Zeit in den 1960er-Jahren, als sich auf Fehmarn wie auch in anderen Orten an der schleswig-holsteinischen Ostseeküste – z.B. Grömitz, Damp oder Timmendorf – der Tourismus rasant entwickelte. Fehmarn bekam 1963 mit der Fehmarnsundbrücke eine ständige Verbindung zum Festland und die Insel entwickelte sich immer mehr von der Bauern- zur Urlauberinsel. So entstanden zwischen 1968 und 1972 die drei Hoteltürme und spalten bis heute die Gemüter. Auf alle Fälle stehen sie inzwischen unter Denkmalschutz und die Lage am **Südstrand** mit dem feinen Sand ist nach wie vor unschlagbar.

Bis **Staberdorf** führt uns der Fahrradweg jetzt direkt an der Küste entlang. Es ist der wunderbare **Ostseeküstenradweg**

Foto: Ingo Wandmacher

Pause am Hafen von Burgstaaken

– in diesem Abschnitt macht er seinem Namen alle Ehre. Da jetzt im Herbst nur noch sehr wenige Urlauber hier sind, kann man auch gut auf diesem Weg fahren. Im Sommer müsste man sicherlich schieben. Es ist einfach herrlich: die Ostsee rechts im Blick und links das weite Inselland. Ich höre während der Fahrt die Meereswellen rauschen und genieße Wind und Sonne.

In Staberdorf an einer **Ferienanlage** biegt der Weg links ins Land rein und ein wunderschöner Fahrradweg neben der Landstraße bringt uns nach **Meeschendorf**. Überall hübsche Häuser, alles ist gepflegt, eine Mischung aus Bauernhöfen und Ferienunterkünften. Alte Katen sind inzwischen urige und gleichzeitig moderne Ferienhäuser. Dennoch gibt es

Wunderbarer Radweg direkt an der Ostsee

viele Felder, an denen wir vorbeiradeln. Jetzt im Herbst ist der Raps fürs nächste Jahr schon als kleines grünes Pflänzchen zu sehen. Im nächsten Frühjahr wird hier alles gelb leuchten und nach Raps duften. Ja, auch dafür ist Fehmarn berühmt. Rapsfelder bis an die Ostsee. Jetzt freue ich mich über den ein oder anderen kleinen **Hofladen** in einem Schrank an der Straße, in dem man Honig oder **Fehmarner Kohl** kaufen kann. Rosenkohl noch am Strauch. Das finde ich lehrreich und klasse.

Im Ort biegen wir rechts ab Richtung **Katharinenhof/Puttgarden**. Es ist eine Freude, auf Fehmarn zu radeln, denn alles ist super ausgeschildert und für Radfahrer vorbereitet. Hinter Katharinenhof kommt wieder die **Ostsee** ins Bild. Der Weg führt wiederum direkt an der Küste entlang, die hier eine kleine **Steilküste** ist. Immer wieder gibt es die Möglichkeit, Pause auf einer der vielen Bänke oberhalb der Klippe zu machen. Auch wir können irgendwann nicht mehr widerstehen und genießen die Aussicht, unsere Butterbrote und das Leben an sich.

Schon sehen wir vor uns die **Marienleuchte** und eine ankommende Dänemark-Fähre. Am Campingplatz muss man sich entscheiden, ob man jetzt auf dem Ostseeküstenradweg direkt nach **Puttgarden** zum **Fähranleger** fährt oder noch einmal links ins Landesinnere nach **Klausdorf**, um im **Hofcafé Lafrenz** einen Kaffee zu trinken. Da mein Mann denselben Namen trägt – seine Familie stammt ursprünglich von der Insel und der Name Lafrentz (mit und ohne t) ist hier weitverbreitet –, fällt uns die Entscheidung nicht schwer. Der Umweg ist nicht weit und alle, die selbst gemachten Kuchen und kleine Hofläden mit Marmeladen, Käse oder Rapskissen lieben, sind hier richtig. Wir merken jetzt in der wohligen Wärme des Cafés, wie windig es doch draußen ist und dass wir trotz E-Bike schon ordentlich gestrampelt haben. Der Nachteil so einer gemütlichen Kaffeepause ist, dass man sich danach wieder wetterfest anziehen und weiterfahren muss (will).

Von **Klausdorf** könnten Sie jetzt auch direkt über **Bannesdorf** zurück nach Burg fahren und hätten ebenso eine wunderbare Runde hinter sich. Wir entscheiden uns aber, auf alle Fälle noch zum Fährhafen nach Puttgarden zu radeln. Also vom Café wieder ein paar Hundert Meter zurück zum Ortseingang Klausdorf und dann geradeaus nach **Presen**. Hier gibt es wieder eine Entscheidung: gleich nach Puttgarden oder erst noch zur Marienleuchte. Da ich Leuchttürme liebe und der Name Marienleuchte geheimnisvoll und interessant klingt, möchte ich unbedingt hin. Allerdings muss ich Ihnen sagen, dass man das Sprichwort „Der Weg ist das Ziel" nicht umsonst sagt. Ein schmaler, romantischer Wiesenweg führt an der Küste entlang. Das Ziel aber, die Marienleuchte, entpuppt sich als **militärisches Sperrgebiet**: Zutritt verboten! Na gut, wir haben's probiert.

Erntefrisch und regional – besser geht's nicht

Neue Hoffnung: Schiffe gucken im **Fährhafen Puttgarden**. Auch dorthin ist der Radweg wieder perfekt ausgeschildert. Mein Tipp: Fahren Sie direkt am Dania-Hotel (das ist der große Kasten aus den 1960er-Jahren) links rein Richtung **Mole**. Von dort kann man die ein- und auslaufenden Dänemark-Fähren beobachten. Landet man hingegen erst einmal (so wie wir zunächst) bei der Warteschlange der Lkw und dem Abfertigungsgebäude, sieht man nichts weiter als einen riesigen Parkplatz mit vielen Lkw. Sind Sie jedoch an der Mole, lohnt es sich auf alle Fälle, einmal das Rad abzustellen und bis an die Spitze der Mole zu laufen. Jede halbe Stunde kommt oder fährt eine Fähre ins dänische Rödby. In nur 45 Minuten wäre man dort, aber wer ein bisschen Dänemark-Feeling gleich hier auf Fehmarn haben möchte und es mag, kauft sich am „Pölserwagen" (zu deutsch: Bratwurst- und Frittenbude) ein echtes dänisches Kultessen, den Pölser (also eine Wurst im Brötchen). In den 1960er-Jahren wurde diese Fährverbindung als sogenannte **„Vogelfluglinie"** eingeweiht. In den nächsten Jahren wird sich hier alles ändern, denn für die 19 Kilometer zwischen Deutschland und Dänemark wird ein Tunnel auf dem Meeresgrund gebaut. Dieses ehrgeizige Verkehrsprojekt ist seit Jahren sehr umstritten, viele blaue Holzkreuze auf den Höfen der Insulaner zeigen den Protest. Aber es ist inzwischen beschlossene Sache und die Großbaustelle wird eingerichtet.

Etwas melancholisch gestimmt machen wir uns auf den Rückweg nach Burg. Der hat es noch einmal in sich, denn er führt schnurgerade auf einem Fahrradweg ne-

Von Puttgarden ist es nur ein Katzensprung nach Dänemark

ben der Landstraße immer nach Südwest. Und das ist meistens die Richtung, aus der der Wind kommt. Umso glücklicher bin ich, als ich wieder den Kirchturm der Inselhauptstadt Burg sehe und auf die vertraute kopfsteingepflasterte Marktstraße fahre.

Jetzt noch ein Softeis in der berühmten **Eisdiele bei Raddens** in der Süderstraße? Oder ins **Café Liebevoll** in der Bahnhofstraße? Oder vielleicht einmal einen Moment innehalten in der großen **Sankt-Nikolai-Kirche**? Ganz wie Sie wollen – die Entscheidung liegt bei Ihnen.

Fazit: Ich habe Fehmarn heute als eine perfekte Fahrradinsel kennengelernt. Alle Wege sind prima ausgeschildert und die Untergründe sind (meistens) sehr gut. Es gibt viele tolle Wege über die ganze Insel und die Ostsee ist nie weit. Und: Fehmarn rühmt sich nicht umsonst damit, Sonneninsel zu sein. Obwohl nur ca. 1 Kilometer zwischen Festland und Insel, kann das Wetter hier oft anders sein. Heute haben wir nur einen kleinen Teil der Insel erkundet, aber wir kommen bestimmt bald wieder.

INFOS

Besichtigungs-Tipp

★ Museum der DGzRS im Hafen von Burgstaaken
Burgstaaken 89
23769 Fehmarn
www.seenotrettungsmuseum-fehmarn.de

Einkehr-Tipp

★ Hofcafé Lafrenz in Klausdorf
Dorfstraße 30
23769 Fehmarn/OT Klausdorf
www.hofcafe-klausdorf.de

★ Café Liebevoll in Burg
Bahnhofstraße 17
23769 Fehmarn
www.kulturlabor.biz

Heike-Tipp

★ Fehmarner Rapshonig und Kohl vom Straßenstand

Karten-Empfehlung
ADFC-Regionalkarte
Kieler Förde/Fehmarn/
Holsteinische Schweiz
1:75000
Blankenwisch
Krummensiek
Johannis-
berg
Puttgarden
Mattiasfele
Mole
Fährbahnhof
Puttgarden
Ohlenborgs
Huk
Marienleuchte
Todendorf
Presen
Nielandsgraben
Hohen-
stein
Bannesdorf
Klaus-
dorf
Hofcafe
Lafrenz
Oster-
markelsdorf
Steinfeld
Niendorf
Wellen-
kamp
Gahlendorf
Gertrudental
St. Nikolai
Burg auf
Fehmarn
Vitzdorf
Katharinenhof
Neuhoben
Meeschendorf
Burg-
staaken
Neue
Tiefe
Sahrens-
dorf
Berggraben
Burger
Binnensee
Sahrensdorfer
Binnensee
Staberdorf
Burgtiefe
'ulfen

Danke

Ich bedanke mich von Herzen bei allen, die beim Entstehen dieses Buches beteiligt waren. Da ist zunächst mein Mann Detlef Lafrentz, der mir mit Einfühlungsvermögen und tatkräftiger Unterstützung Rückenwind gegeben hat. Ich danke dem Fotografen Ingo Wandmacher, mit dem ich hiermit schon das zweite Buch verwirkliche, für seine wunderbaren Fotos, seine Kreativität, Geduld und Ausdauer. Herzlichen Dank dem Cadmos Verlag für die Möglichkeit, dieses Buch zu veröffentlichen. Geschäftsführerin Brigitte Millan-Ruiz und meine Lektorin Barbara Meister waren mir eine wertvolle Hilfe und Unterstützung. Das schöne blaue Schleswig-Holstein-Rad hat mir für diese Touren die Firma Böttcher aus Wesseln/Heide zur Verfügung gestellt. Herzlichen Dank dafür! Ebenso danke ich dem ADFC in Schleswig-Holstein für das hilfreiche Kartenmaterial. Nicht unerwähnt lassen möchte ich den freundlichen und kompetenten Verkäufer vom Traditionsgeschäft für Dachgepäckträger am Michel. Denn kurioserweise begannen meine Fahrradtouren durch Schleswig-Holstein mitten in Hamburg, direkt am Michel, mit dem Kauf eines Gepäckträgers. Und schließlich danke ich sehr herzlich all meinen Mitradlern für die gemeinsamen erlebnisreichen Touren.
Nun wünsche ich Ihnen viel Freude bei Ihren ganz eigenen Radtouren kreuz und quer durch Schleswig-Holstein!

Ihre Heike Götz

Im Einzelnen begleiteten mich:

Hahnheide, Schaalsee:
mein Mann Detlef, unsere Freunde Elisabeth und Peter

Schlei, Grömitz, NOK, Ratzeburg, Fehmarn:
mein Mann Detlef

Westerhever Leuchtturm:
meine Freundin Nina

Bad Segeberg:
mein Mann Detlef, unsere Freundin Bini

Föhr:
meine Freundin Christiane

Probstei:
meine Freundin Bini

Nolde:
meine Freundin Anne

Elbe, Travemünde:
der Fotograf Ingo

Nordstrand:
mein Schwager Rüdiger

Heike Götz …

… stammt aus Grimmen in Mecklenburg-Vorpommern.

Hier wurde der Grundstein gelegt für ihre Liebe zum Norden, zum Meer und zum Fahrradfahren. Seit dem Start im Jahre 1999 moderiert Heike Götz die NDR-Sendung *Landpartie – Im Norden unterwegs*. Für viele Zuschauer ist sie die „Frau mit dem Fahrrad", die auf ihren Streifzügen durch das NDR-Sendegebiet mit interessanten Menschen über Arbeit und Alltag spricht. Sie erfährt dabei viel über regionale Spezialitäten und das Leben auf dem Land.
Neben der *Landpartie* gibt es zahlreiche weitere Fernsehsendungen wie *Moin Heike*, *Heike hilft helfen* und *Pilgern im Norden*, in der sie mit einer Gruppe Pilger auf der „Via Baltica" von Usedom bis Bremen zu Fuß unterwegs war.

Sie ist außerdem Autorin oder Co-Autorin diverser Bücher. Hier eine Auswahl:

- *Landpartie – Erlebnistouren an der Ostseeküste Mecklenburg-Vorpommern* (Belser-Verlag)
- *Landpartie – Erlebnistouren an der Nordseeküste Schleswig-Holstein* (Belser-Verlag)
- *Landpartie – Erlebnistouren an der Nordseeküste Niedersachsen* (Belser-Verlag)
- *Meine Landpartie – Heike Götz trifft inspirierende Menschen* (Schlütersche Verlagsgesellschaft)
- *Unsere Stadt war New York – Friesen in Amerika* (Edition Deutsches Auswandererhaus Bremerhaven)

Heike Götz und der Fotograf Ingo Wandmacher arbeiteten auch für das Buch *Meine Landpartie* und für diverse Zeitschriftenporträts zusammen.

Register

Foto: Ingo Wandmacher